冯天瑜 著

中国人文大义

北京大学出版社
PEKING UNIVERSITY PRESS

图书在版编目（CIP）数据

中国人文大义 / 冯天瑜著. -- 北京：北京大学出版社，2024.6. -- ISBN 978-7-301-35303-5

Ⅰ.K203

中国国家版本馆CIP数据核字第2024YW4877号

书　　　名	中国人文大义 ZHONGGUO RENWEN DAYI
著作责任者	冯天瑜　著
策划编辑	王炜烨
责任编辑	王炜烨　王立刚
标准书号	ISBN 978-7-301-35303-5
出版发行	北京大学出版社
地　　　址	北京市海淀区成府路205号　100871
网　　　址	http://www.pup.cn　新浪微博：@北京大学出版社
电子邮箱	zpup@pup.cn
电　　　话	邮购部 010-62752015　发行部 010-62750672 编辑部 010-62750673
印刷者	北京九天鸿程印刷有限责任公司
经销者	新华书店
	850毫米×1168毫米　32开本　10.75印张　189千字 2024年6月第1版　2024年6月第1次印刷
定　　　价	89.00元

未经许可，不得以任何方式复制或抄袭本书之部分或全部内容。
版权所有，侵权必究
举报电话：010-62752024　电子邮箱：fd@pup.cn
图书如有印装质量问题，请与出版部联系，电话：010-62756370

目 录

小　序　何为中国人文传统 / 001

第一章　"人文"与"天道"契合 / 011
　第一节　天道生机论：中国人文传统的宇宙论基石 / 015
　　第二节　与"天道"相贯通的"人道" / 027

　　第二章　虚置彼岸，执着此岸 / 043
　　第一节　"敬鬼神而远之" / 047
　第二节　《易传》《礼记》鬼神观的人文倾向 / 057
　　第三节　中国宗教的现世化风格 / 065
　　第四节　"人生三不朽"与"复归自然"：
　　　　　　中国式终极关怀两走向 / 077

　　　第三章　伦理中心与经世取向 / 089
　　　　第一节　伦理型文化 / 093

第二节　经世致用取向 / 107

第四章　一体两翼的"民本"与"尊君"/ 125

第一节　君主政治之左翼：民本主义 / 129
第二节　君主政治之右翼：尊君主义 / 151
第三节　"民本"与"尊君"的论战 / 165

第五章　"敬祖"与"重史"/ 177

第一节　历史在各民族文化系统中的不同地位 / 181
第二节　法祖、生殖崇拜、孝道 / 187
第三节　"古训是式"与历史的前瞻性 / 195

第六章　文化人薪火相传 / 205

第一节　从"巫觋"到"巫史"/ 209
第二节　"士"的崛起 / 217
第三节　近代知识分子的勃兴 / 235

第七章　中西当代人文精神比较 / 243

第一节　走出象牙塔的"人文精神"/ 247
第二节　人文传统的现代性转换 / 251

第三节　中西人文精神相互感应、推引 / 259

　　第四节　中西"人文精神"/ 267

　　第五节　为解决现实问题提供思想资源 / 277

第八章　科技文化与人文文化协调发展 / 283

　第一节　寻求科技与人文的发展之道 / 287

　第二节　所谓"科技万能论"/ 293

　第三节　科技是把"双刃剑"/ 297

　第四节　现实呼唤人文传统 / 305

　第五节　人文的审美意趣 / 313

　第六节　重塑两种文化的统一 / 319

第七节　人类的未来：科技与人文协调发展 / 325

小　序

何为
中国人文传统

中国的人文传统,约略可以概括为——

"人文"与"天道"契合;

虚置彼岸,执着此岸;

伦理中心与经世取向;

一体两翼的"民本"与"尊君";

"敬祖"与"重史";

文化人薪火相传……

"人文"作为一个汉语词汇,最早出现于《周易·贲卦》的象辞。《贲卦》(☲下离上艮)讲本质与现象的关系,通过刚柔互相文饰的命题加以论证。其卦辞经文和《象传》文字为:

贲:亨。小利有攸往。①

《彖》曰:贲,"亨",柔来而文刚,故"亨"。分刚上而文柔,故"小利有攸往"。刚柔交错,天文也;文明以止,人文也。观乎天文,以察时变;观乎人文,以化成天下。②

《彖传》通过"天象"和"人事"两方面,论证刚柔互相文饰的关系。天的本质不可见,而日月一往一来,交互错

---

①《周易·贲卦》第二十二。
②《易·贲卦·彖传》。

杂，文饰于天上，通过这种现象就可以认识天的本质。就人而言，有质（思想品质）与文（文明礼仪）的关系问题，通过文明礼仪可以反映人的思想品质，故"文明以止，人文也"——人的文明礼仪能止其所当止，如君臣、父子、兄弟、夫妇、朋友间的关系；能守其礼仪上的分寸而不逾越，便达到了"人文"境界。《象传》用"观乎天文，以察时变；观乎人文，以化成天下"总结全句，意谓观视天文日月刚柔交错的现象，就能察知四时寒暑相代谢的规律；观视人的文明礼仪各止其分的现象，就可以教化天下，使人人能具备高尚的道德品质。

吴澂对《周易·贲卦》的"文明以止，人文也"所作的注释为："文明者，文采著明，在人'五典'之叙，'五礼'之秩，粲然有文而各安其所止。故曰：人文也，时变谓四时寒暑代谢之，变化谓旧者，化新成谓久而成俗。"① 将"人文"诠释为以焕发的文采、粲然的典章制度使社会止其当止，而不是凭借威武之力去维持社会秩序。

《周易》中首出的"人文"一词，意指人际关系的准则，它的确立是仿效刚柔交错的"天文"的结果，却并非人格神的授意，同希伯来《旧约》中上帝耶和华向摩西宣示的神与人的"约法"大不一样。如果把《旧约》的法则称为"神文

---

① 丘濬：《大学衍义补》卷六十七。

法则",那么,《周易》的法则便是"人文法则"。自周代以降,中国便确立了与天道自然相贯通的人文传统,形成一种"尊天、远神、重人"的文化取向,并深刻影响着中国文化的性格。

14世纪至16世纪,以复兴湮没千年之久的希腊、罗马古典文化为外观的文艺复兴运动,首先在意大利兴起,进而扩展到整个西欧。此前,欧洲曾发生过多次"文艺复兴",如公元8世纪、9世纪的加洛林"文艺复兴"和12世纪的"文艺复兴"。而这次发生在中世纪末期的"大文艺复兴",具有文化转型意味,它反映了新兴市民阶层冲决封建罗网的要求,高张 humanism 旗帜,赞扬人的价值与尊严,其著名口号是"我是人,人的一切特性我无所不有",并由此倡导人权,以与中世纪君临一切的神权相抗衡。以此为开端,意大利各大学增设修辞学、哲学、天算学等世俗学科(即人文学科),从而对神学在大学里的绝对地位提出挑战。文艺复兴运动还针对教会宣示的禁欲主义,力主追求人的现世幸福,论证个人自由发展的合理性。反对以神为中心的经院哲学和禁欲主义的人性论与个人主义,构成文艺复兴时期市民世界观的基础。① 文艺复兴运动是欧洲走出中世纪、跨入近代社会

---

① 参见雅各布·布克哈特:《意大利文艺复兴时期的文化》,何新译,北京:商务印书馆1979年。

的先声，而 humanism 则被视作欧洲近世文化精神的前奏曲。

黑格尔的《历史哲学》在论及"中古时代"晚期的"古学研究"时，对"人文"作了这样的表述：

> "人文"这个字是富于意义的，因为在那些古学研究中，人类的东西和人类的文化受到了尊重。①

这一论述揭示了文艺复兴及人文主义的真谛。

至 20 世纪初叶，在"西学东渐"的浪潮中，欧洲文艺复兴思想介绍到中国，《国粹学报》屡称文艺复兴为"文学复古"；蒋方震（1882—1938）1924 年出版《欧洲文艺复兴史》，以"再生"概括文艺复兴精神。也有学者体悟到文艺复兴在"复古"外观下包藏的"开新"深意，认识到历史的"进步又非为一直线""其像如一螺线"②，并以此比附清学，认为清初、清中叶、清末几次学术转折与文艺复兴相类似，均是"以复古为解放"③。但现代中国知识界何时由何人正式将文艺复兴的主流思想 humanism 译成"人文主义"，尚待考

---

① 黑格尔：《历史哲学》，王造时译，北京：生活·读书·新知三联书店 1956 年，第 457 页。
② 梁启超：《新史学》，见《饮冰室合集·文集》第 4 册，北京：中华书局 1989 年，第 7—8 页。
③ 梁启超：《清代学术概论》，北京：中华书局 2020 年；梁启超：《中国近三百年学术史》，北京：商务印书馆 2011 年。

证。朱维铮(1936—2012)在一篇文章^①中提出一个值得注意的线索:胡适(1891—1962)1917年从美国返回中国时,主张用"再生时代"翻译"文艺复兴"。1933年胡适在美国芝加哥大学发表《中国的文艺复兴》一文论及五四新文化运动时说:

> 最后,非常可奇异的是,这场新的运动都是由那些懂得他们的文化遗产而且试图用新的现代历史批评和探索的方法来研究这个遗产的人来领导的。在这个意义上说,它也是一场人文主义运动。

由此推断,以"人文主义"翻译文艺复兴思想主流humanism当在1917年以后、1933年以前,而且,这位译者是"懂得他们的文化遗产"的,具体而言,是懂得"人文"一词在中华元典里的本来含义的。

中国的人文传统,颇具"早熟性"。

远在文明时代初期的殷、周交替之际(距今约三千年),周人便开始突破商人的"尊神重鬼",走向"远神近人""天视自我民视"的观念应运而生,至晚周更是蔚然成风。先秦典籍中的"人者,天地之德,阴阳之交,鬼神之会,五行之

---

① 朱维铮:《何谓"人文精神"?》,见王晓明编:《人文精神寻思录》,上海:文汇出版社1996年,第129页。

秀气也"[①]，便是中国式人文精神的初期表述。《左传》《孟子》诸书阐扬的"天道远，人道迩""民贵君轻"之类民本思想将中国式的人文精神发挥到极致。后来会合成中国文化主流的儒、法诸家，"舍诸天运，征乎人文"[②]，都以现实政治、人间伦常为务，乃成中国文化的主要价值取向。

传习中国文化，不可不从"人文"精义入手。

中国的人文传统，约略可以概括为——

"人文"与"天道"契合；

虚置彼岸，执着此岸；

伦理中心与经世取向；

一体两翼的"民本"与"尊君"；

"敬祖"与"重史"；

文化人薪火相传……

这些特色，早在先秦即已形成，又在此后两千余年间生发、拓展，且因且革。以下试作分论，并与西方人文精神简单比较以便更为明晰，且对人类未来的科技与人文协调发展做一展望。

---

① 《礼记·礼运》。
② 《后汉书·公孙瓒传论》。

第一章

"人文"与"天道"契合

在中国文化系统里,"天道"充满生机,又与同样充满生机的"人道"相贯通。中华文化的主潮,"天道"与"人文"不是截然两分,而是彼此契合的。

第一节

天道生机论：
中国人文传统的宇宙论基石

在中国文化系统里,"人文"是与"天文"或"天道"相对应的概念。

"人文"约指人类创制的文化,"天文"或"天道"约指自然状态和自然法则。而"人文"又与"天道"密切相关,故在讨论中国人文传统时,必须先论"天道"。

与印度、希伯来的"神创宇宙论"宗旨相异,中国的宇宙生成模式,显示了中华先民独特的思维方式。这种宇宙生成模式的显著特色是:既未否定神创说,而神创说又没有获得充分展开。构成中国式宇宙生成论主体的,是天道演运、万物自然化成的观念,也即一种自然生机主义的宇宙观。这种宇宙观又推及对人类起源和人类文化发生的说明,成为"天道"与"人文"彼此契合的宇宙——人生论,这是中国人文传统的一个基本出发点。

同其他民族一样,中华先民也经历过"万物有灵"和"神权至上"的阶段,也产生过自然崇拜,如《尚书》中所

>>> 中华先民也经历过"万物有灵"和"神权至上"的阶段,也产生过自然崇拜,如虞、舜"禋于六宗",便指先民对日、月、星、河、海、岱六种自然物的崇拜和祭祀。

>>> 图为明代丁云鹏《三官四圣图》。

说，虞、舜"禋于六宗"①，便指先民对日、月、星、河、海、岱六种自然物的崇拜和祭祀；又产生过图腾崇拜，如对熊的崇拜、对凤的崇拜、对龙的崇拜等；更为发达的则是祖先崇拜，所谓"有虞氏禘黄帝而祖颛顼，郊尧而宗舜；夏后氏禘黄帝而祖颛顼，郊鲧而宗禹"②，先民从对自然神和祖先神的崇拜中，派生出关于"上帝"及"天帝"的思想——殷墟甲骨文和周金文中多有此类记述。但在甲骨卜辞中，"上帝"虽是天上和人间的最高主宰，却不见"上帝创世说"的痕迹；周金文中"帝""上帝"与"天"大体同义，如申述周王"受天有大命"③，但仍然未见"上帝创世说"；《尚书》中的《大诰》《召诰》《康诰》诸篇，反复强调"天命"保有的重要及"天命"变易的不可阻止，如谓"天命不易"，又谓"惟命不于常"，但《尚书》诸篇均未言及"创世说"。

先秦典籍正面论及宇宙创生的，首推《国语·郑语》，其中记载周幽王时太史史伯对郑桓公说的一番话，内有"以土与金、木、水、火杂，以成百物"之说。这是中国史籍所载的第一个宇宙发生模式。与此同时，史伯还对金、木、水、火、土杂以成物的法则做了理论概括，这便是"和实生物，

---

① 《尚书·舜典》。贾逵注六宗曰："'天宗'三：日、月、星也；'地宗'三：河、海、岱也。"

② 《国语·鲁语上》。

③ 《大盂鼎》。

同则不继"。这种宇宙生成论与"神创说"无涉,显示了素朴唯物论和素朴辩证法倾向。战国后期荀子(约前313—前238)的《天论》所说的"万物各得其和以生",显然渊源于史伯的"和实生物"说。当然,史伯的论述还较简单,其继承者也未能创制出完备详尽的"五行杂成万物"的具体模式。

《周易大传》提出的宇宙生成模型,不是"五行杂成万物"一类结构式学说,而是整体生机式学说。直到宋人邵雍(1011—1077)提出"先天学",传《先天图》,中国才出现比较完整具体的结构式宇宙模型。而且,这种结构式宇宙模型仍然是在《周易》整体生机式学说的指导下完成的。

在中国文化系统里,"神创说"没有得到充分发育,属于"子不语"范围,人格神创世说不仅未获得普遍尊信,而且被儒者视作异端邪说。明、清之际思想家黄宗羲(1610—1695)曾作《破邪论》,力辟将上帝奉为人格神的说法,并援引《诗经》论"天"与"上帝"的诗句,指出"上帝"不过是由气构成的"天"或"昊天"的同义语。黄氏认为,后世将上帝人格化,产生"王帝"说,是一种过失;至于佛教的"佛坐诸天之中"的说法,更是"肆其无忌惮";天主教"立天主之像记其事,实则以人鬼当之,并上帝而抹杀之矣"[①]。黄宗羲全方位否定人格神创世说,从而维护了在中国

---

① 《破邪论·上帝》,见《黄宗羲全集》第1册,杭州:浙江人民出版社1985年,第194—195页。

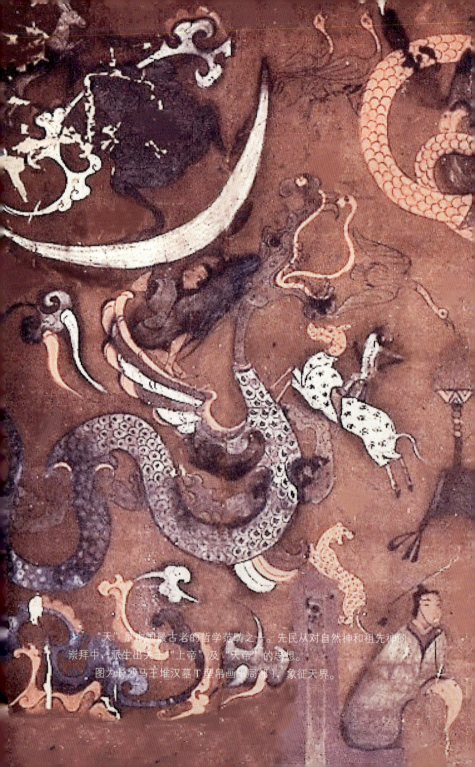

"天"是中国最古老的哲学范畴之一。先民从对自然神和祖先神的崇拜中,派生出关于"上帝"及"天帝"的思想。图为长沙马王堆汉墓T型帛画(局部),象征天界。

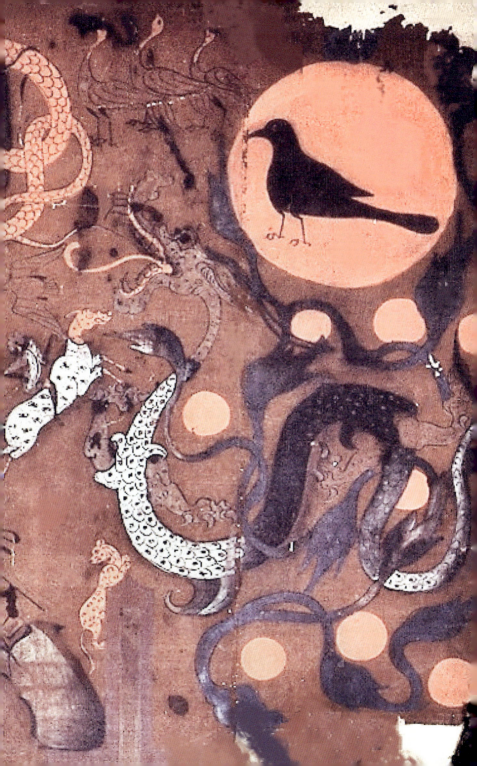

居于主流的"天道"演运创生万物说。

"天"是中国最古老的哲学范畴之一,甲骨文作🙏①或🙏②,表示人头顶之上的广袤空间和至上、至高之物。《说文解字》称:"天,颠也,至高无上,从一大。""天"演释出许多种含义,归纳起来有两类:一为天体、自然之总称;二为宇宙及人间之主宰、造化之神,这一意义上的"天"与"帝"相通,《诗·鄘风·君子偕老》云"胡然而天也,胡然而帝也",即此之谓。元典在使用"天"这一概念时,往往两义兼具,而在不同处所各有侧重。

中华古典言及"天"的所在极多,在《尚书》和《周易》中,"天"是商、周时人心目中的至高命题,"天命"也即天道流行的法则,被认为是不可抗拒的。所谓"格知天命""天命不僭"③、所谓"王其德之用,祈天永命"④、所谓"用大牲吉,利有攸往,顺天命也"⑤,都表现出那一时代人们对"天"的崇奉和对"天命"的敬畏。

到春秋中后期,随着社会矛盾的激化,人们对"天"的崇拜渐趋消减,怀疑以至指责"天"的言论此起彼伏。《诗

---

① 董作宾:《殷墟文字甲编》三六九〇,上海:商务印书馆1948年。
② 董作宾:《殷墟文字乙编》九〇六七,上海:商务印书馆1948年。
③《书·大诰》。
④《书·召诰》。
⑤《易·萃卦》。

经》中出现"不吊昊天,不宜空我师"(奈何天不扬善,使民穷苦无依)①,"昊天不佣,降此鞠讻;昊天不惠,降此大戾"(天公何等不公,降此特大灾凶;天道何等不惠,降下如此败类)②这样一些"谴天"言论。还出现认为"天命"并非永恒的观念,如"侯服于周,天命靡常"(殷、商称臣服周邦,可见天命并非无常)③。

总之,"天"及"天命"观念在反映殷商、西周思想的《书》《诗》中是至高无上的,然而,又毕竟没有形成《圣经》系统中"上帝"那样的绝对意义和明确的至上神格,而是以一种介乎自然法则与人格神之间的模糊形态出现,怀疑"天"并不像犹太—基督教系统中怀疑"上帝"那样,被认作是无可容忍的大逆不道。

到春秋、战国时期,由"天"的观念进而发展出"道"的观念。"道"的本义是路,《说文解字》称"道,所行道也……一达谓之道",引申为自然及人事所遵循的轨迹,自然之轨迹为"天道",人事之轨迹为"人道"。天道与人道对称,见于《左传》所载郑子产(? —公元前522)批评裨灶灾异说的言论:

---

① 《诗·小雅·节南山》。
② 同上。
③ 《诗·大雅·文王》。

>>> 到春秋、战国时期，由"天"的观念进而发展出"道"的观念。
>>> 图为清代上睿《五老论道图》。

天道远，人道迩，非所及也，何以知之？灶焉知天道？①

与"人道观"相分又相连的"天道观"成为中国人文传统的宇宙论基础。

---

①《左传·昭公十八年》。

第二节

与"天道"相贯通的"人道"

中国人文
大义

中国文化的主流虽没有断然否定人格神,却将其虚置,而把重点放在天道生机主义的阐扬上,这是对神本位的一种否定方式;与此同时,又特别关注对人的肯定、认知,高度强调人在宇宙间的地位,所谓"人者,天地之心也"①,从而确立"中国式"的"人文精神"——一种与天道生机论相贯通的"人文精神"。

在中国文化系统里,"天道"充满生机,又与同样充满生机的"人道"相贯通。"人"字在甲骨文作"𠂉"②,在金文作"𠆢"③,均为人体的象形。《尚书》称人为"万物之灵"④,汉代董仲舒(公元前179—前104)则说"天地之性人为贵"⑤。但中国

---

① 《礼记·礼运》。
② 《铁云藏龟》一九一一。
③ 《金文编》第八。
④ 《书·泰誓上》:"惟人万物之灵"。
⑤ 《汉书·董仲舒传》。

文化系统在强调人的地位时,又认定人与天并不截然两分、彼此对峙,而是相与化育的,所谓"故人者,其天地之德、阴阳之交、鬼神之会、五行之秀气也"①。因而人性的规则(即"人道")与宇宙的秩序(即"天道")两相契合。《周易》说:

> 夫大人者,与天地合其德,与日月合其明,与四时合其序,与鬼神合其吉凶,先天而天弗违,后天而奉天时。②

由这种人与宇宙合德无间的思想出发,引出富于特色的人文观念,从而使中国文化的主体避免走向宗教。钱穆(1895—1990)说:

> 西方人常把"天命"与"人生"划分为二……所以西方文化显然需要另有天命的宗教信仰,来作他们讨论人生的前提。而中国文化,既认为"天命"与"人生"同归一贯,并不再有分别,所以中国古代文化起源,亦不再需有像西方古代人的宗教信仰。③

中国文化的主潮,"天道"与"人文"不是截然两分,而是彼此契合的。

---

① 《礼记·礼运》。
② 《易·乾卦·文言传》。
③ 钱穆:《中国文化对人类未来可有的贡献》,载《中国文化》1991年第1期。

>>> 《周易》以六十四卦模拟万物,而阐明这六十四卦的编排次序及诸卦前后相承意义的《序卦传》,开宗明义第一句话便是——"有天地,然后万物生焉。"

>>> 图为明代仇英《帝王道统万年图·伏羲演易》。

第一，人文以天道自然为起点。

《周易》以六十四卦模拟万物，而阐明这六十四卦的编排次序及诸卦前后相承意义的《序卦传》，开宗明义第一句话便是——"有天地，然后万物生焉。"以后又展开论述说：

> 有天地然后有万物，有万物然后有男女。有男女然后有夫妇，有夫妇然后有父子。有父子然后有君臣，有君臣然后有上下，有上下然后礼义有所错。

这就将人间秩序（人文）的开端归之于天地自然。

第二，人文法则出于对天道自然的仿效。

《周易·系辞下》论述八卦的制作过程说：

> 古者包牺氏之王天下也，仰则观象于天，俯则观法于地，观鸟兽之文与地之宜，近取诸身，远取诸物，于是始作八卦，以通神明之德，以类万物之情。

这里虽然讲的是八卦的创作，其实可以泛解为人类文明的产生仰赖于对天道自然的仿效。当这种仿效达到"极深而研几"的程度时，人类的创造便"与天地参"[1]"与天地同流"[2]。对于人文仿效天道，老子（约公元前600—约前500）归结为四个级次：

---

[1]《礼记·中庸》。
[2]《孟子·尽心上》。

人法地，地法天，天法道，道法自然。①

《周易·乾卦》的《象传》则说得更为简易，直接沟通天与人，强调人文对天道的效法：

天行健，君子以自强不息。

《周易》认为"天"刚健运行不止，"君子"观此象发愤自强，奋斗不息，以效法乾天之象。

《周易·坤卦》的《象传》又说：

地势坤，君子以厚德载物。

《周易》以为"地"深厚柔顺，"君子"观此象增厚品德，承载重任，孕育万物，以效法坤地之象。这是《周易》中最重要的两段人文效法天道的名言，梁启超、唐君毅、张岱年等学者用这两语概括中国文化的精髓，比较真切。

第三，以人为天地中心，"人文"是研究的重点。

中国文化系统以天道为人文的起点，又认为人文仿效天道而成，其讨论的展开部，并非天道而是人文。《周易·贲卦》的《象传》说：

观乎天文，以察时变；观乎人文，以化成天下。

---

① 《老子》第二十五章。

>>> 观察天道的文饰情状以知四季变迁规律,后半部则讲,观察人类的文饰情状以教化天下,促成大治。

>>> 图为清代徐扬《日月合璧五星联珠图》(局部)。

这段话的前半部讲，观察天道的文饰情状以知四季变迁规律；后半部则讲，观察人类的文饰情状以教化天下，促成大治。

"二程"解释这段话说：

> 观人文以教化天下，天下成其礼俗，乃圣人用贲之道也。①

这番话深得《易传》要旨。综观中国传统文化的发展历程，"观天文以察时变"并未得到充分发育；"观人文以化成天下"则展开成发达的政治学、伦理学和教育学，演为中国文化的主体和展开部。

《礼记·大传》说：

> 圣人南面而治天下，必自人道始矣。

这便指明"人道中心论"的个中奥秘，而"文化"二字是"人文教化"的缩写，更集中表现此种格局。

中国文化精神的"尚人文"，立足于对人的评价。但中国文化并不注重个体人的价值，虽有"三军可夺帅也，匹夫不可夺志也"②之类强调普通人的志愿、理想的哲言，但极少

---

① 《周易程氏传》卷二。
② 《论语·子罕》。

论及人的个体价值,对群体人或社会人却给予高度估计,以整体人与天地并立,是宇宙"三才"之一。《周易》的《系辞传》,将人道与天道、地道并称①。老子称人为"域中四大"之一②,《礼记·礼运》则说"人者,天地之心也"。以后,董仲舒更极言道:

> 天地人,万物之本也。天生之,地养之,人成之。……人之超然万物之上而最为天下贵也。③

这都是肯定具有理性的人在无限广袤的宇宙间卓然而立的地位,有了人方有文化的世界,"人文"也就理所当然地成为思索的中心。

总之,中国文化在天人关系问题上走的是一条"循天道,尚人文"的路线。这一概括似较"一天人"或"天人合一"更周全些。因为,中国古代固然有发达的"一天人"或"天人合一"思想,同时也有相当雄辩的"天人相分"论者

---

① 《易·系辞下》:"《易》之为书也,广大悉备。有天道焉,有人道焉,有地道焉。兼三才而两之,故六。六者非它也,'三才'之道也。"指明六画卦之所以为六画,意在表达"三才"——天、地、人,每一"才"又"两之"(以阴阳、刚柔两分),方成"六爻"。

② 《老子》第二十五章:"故道大、天大、地大、人亦大。域中有'四大'。"另一版本"人亦大"为"王亦大"。

③ 《春秋繁露·立元神》。

中国人文
大义

>>> 老、庄系统,其发达的"道论"突破以人格之"天"为最高主宰的世界观,又克服用具体物质解释宇宙本体的局限,提出"道"这个最高范畴。
>>> 图为宋代李公麟(款)《老子授经图》。

道德經 體道

道可道非常道名可名非常名無名天地
之始有名萬物之母故常無欲以觀其妙
常有欲以觀其徼此兩者同出而異名同謂
之玄玄之又玄眾妙之門

養身

天下皆知美之為美斯惡已皆知善之為善
斯不善矣故有無相生難易相成長短相較
高下相傾音聲相和前後相隨是以聖人處
無為之事行不言之教萬物作焉而不辭生
而不有為而不恃功成而弗居夫唯弗居是以不去

安民

不尚賢使民不爭不貴難得之貨使民不為
盜不見可欲使民心不亂是以聖人之治虛
其心實其腹弱其志強其骨常使民無知無
欲使夫知者不敢為也為無為則無不治

無源

道沖而用之或不盈淵兮似萬物之宗挫其
銳解其紛和其光同其塵湛兮似或存吾不
知誰之子象帝之先

涌现。从春秋时子产的"天道远,人道迩",到战国时荀子的"明于天人之分",肯定天是无意志的自然物,与人世间的兴亡治乱各不相与①。故尔单以"天人合一"总括中国古代的天人关系论,显然并不全面。然而,"循天道,尚人文"则是大多数思想家和典籍所共同遵循的运思路径,《论语》《孟子》及《易传》《中庸》《大学》系统自不必说,即使力主"明于天人之分"的荀子,也既重视"天道"的探索,更强调研习人伦和制度,他说:

> 圣也者,尽伦者也;王也者,尽制者也,两尽者,足以为天下极矣。②

至于老、庄系统,其发达的"道论"突破以人格之"天"为最高主宰的世界观,又克服用具体物质(如金、木、水、火、土)解释宇宙本体的局限,提出"道"这个最高范畴,而"道"本身便兼及"天道"与"人道"两个侧面。荀子批评庄子"蔽于天而不知人"③,此言如果指庄子只讲消极顺应自然,忽视人的能动作用,是准确的;如果指庄子把人道排除在视野之外,则不符合实际。庄子"天地与我并生,

---

①《荀子·天论》:"天行有常,不为尧存,不为桀亡。"
②《荀子·解蔽》。
③同上。

而万物与我为一"①的"齐物论",便是强调人道与天道的最高统一性,并不意味着对人道的弃置不顾。

人所共知,老子有"绝圣弃智"②的反文化观念,庄子有"逃虚空"的出世倾向,但他们对人生世事的关切,仍然透现于《老子》"五千言"和《庄子》内外篇的字里行间。老子说:

> 圣人常善救人,故无弃人;常善救物,故无弃物。③

这里表现出对人和社会事物何等深切的关怀;"善者,吾善之;不善者,吾亦善之""信者,吾信之;不信者,吾亦信之"④又流露出何等宽大的胸襟和真诚的救世真心。至于庄子在"来世不可待,往世不可追"的困境中,仍然发出呼唤"迷阳迷阳,无伤吾行!吾行郤曲,无伤吾足"⑤,则显示了何等坚忍顽强的求索精神。

所以,与"天道"契合的人文精神,不仅存于儒、法、墨诸家,在道家那里也潜运默行着。

---

①《庄子·齐物论》。
②《老子》第二十九章。
③《老子》第二十七章。
④《老子》第四十九章。
⑤《庄子·人间世》。

第二章

虚置彼岸，执着此岸

如果说，中国人文传统在"人文"与"天道"的关系上，走的是二者契合的路向，那么，在"彼岸"与"此岸"①、鬼神与俗世的关系上，则奉行虚置彼岸、执着此岸，远鬼神、近俗世的原则，这同希伯来文化、印度文化充满对彼岸神界的向往、追求乃至恐惧，恰成鲜明对照，而与古希腊的"重现世人生"思想有着相通之处。

---

　　①"此岸""彼岸"皆佛家语。《智度论十二》曰："以生死为此岸，涅槃为彼岸。"中国语汇系统引申为：现世人生为"此岸"，来世及鬼神世界为"彼岸"。

第一节

"敬鬼神而远之"

殷商是神权至上的时代,西周还弥漫着鬼神崇拜,春秋以降鬼神观念则渐趋淡薄,春秋中叶之后,祭司阶层的独立性已见式微,卫献公称"政由宁氏,祭则寡人"[①],统治者已不一定要依赖宗教职业者专司祭典。

到了春秋末期,"远鬼神,近人事"的思维路向更趋明朗,这在孔子(前551—前479)那里有所体现。孔子作为殷、周文化传统的承继者,既因袭着殷、周盛行的鬼神观念,又受到《诗》《书》中怀疑天神、疏远天神的新思想影响,而孔子又不是一个深入探索宇宙论的哲人,他没有就鬼神的有无及人神关系等形而上问题展开彻底的思考,而是从开通的入世者的睿智出发,对鬼神采取一种"存而不论"的态度。他说:

---

① 《左传·襄公二十六年》。

务民之义,敬鬼神而远之,可谓知矣。①

当子路(前542—前480)问如何敬事鬼神时,孔子答曰:

未能事人,焉能事鬼。②

孔子是重祭祀的,但他并不以为那被祭的"神"是个真实的实体,不过是人们思念着它,它便似乎就存在着,所谓"祭如在,祭神如神在"③。这是介乎有神论与无神论之间的一种"模糊哲学"④,其精义仍然是对鬼神"存而不论""事其心"而已。

孔子对鬼神虚应之而绝不深论,所谓"子不语:怪,力,乱神",对人及人事则进行周详真切的研讨并诉诸实行。孔子论"仁"、论"智",其指向均在人。

樊迟问仁,子曰:"爱人。"

问知,子曰:"知人。"⑤

"人"是孔子仁学的核心,故尔"夫仁者,己欲立而立

---

① 《论语·雍也》。
② 《论语·先进》。
③ 《论语·八佾》。
④ 《论语·雍也》。
⑤ 《论语·颜渊》。

>>> 到了春秋末期,"远鬼神,近人事"的思维路向更趋明朗,这在孔子那里有所体现。孔子的学问可以说是"人学"。
>>> 图选自清代焦秉贞《孔子圣迹图》。

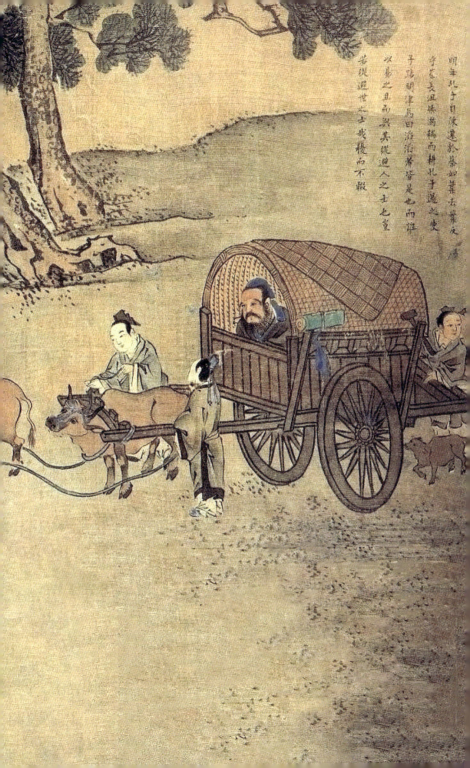

人，己欲达而达人"①。孔子的学问可以说是"人学"，其政治论、社会论、伦理论、教育论、历史论，都是由这种"人学"演绎出来的，神学意味都较为淡薄。

春秋开始出现的"远鬼神，近俗世"的思维路向，在战国时期得到进一步发挥，其中尤以《左传》展开得最为具体。

《左传》成书于战国初年，可能是子夏的一传或再传弟子在魏国作于公元前375至前351年间。《左传》反映春秋、战国之交的社会思潮，而此间正由"重神"向"重人"（或曰"重民"）转变，其作者站在时代潮流前列，向殷商、西周神权至上的传统提出挑战。

《左传·桓公六年》记载，随国国君自谓祭祀天神的牺牲丰厚，便可以取信于神，但随国贤臣季梁却不以为然。他说：

> 夫民，神之主也。是以圣王先成民，而后致力于神。

他公然把"民"说成是"神之主"，统治者应当首先满足民众的意愿，实现"民和年丰"，才能得到"神降之福"。《左传·襄公三十年》还征引周公的名言，"民之所欲，天必从之"。这些言论虽然没有否定神的存在，却将神意归结为民意，实际是把神权驱逐到虚设的位置上。

---

① 《论语·雍也》。

《左传·僖公五年》亦有类似记载：晋侯欲借道虞国讨伐虢国，宫之奇谏止。晋侯认为自己"吾享祀丰絜，神必据（依靠）我"，宫之奇在反驳晋侯时，提出"非德民不和，神不享矣。神所冯（凭）依，将在德矣"，要求晋侯把注意力从祈祷上天，改变为实行德政，以争取民众的支持。

《左传》还依据"民为神主"的思想，揭起反对人祭的旗帜。如宋襄公欲以鄫子做祭祀的牺牲，宋国的执政大臣司马子鱼加以阻止。子鱼说：

> 祭祀以为人也。民，神之主也。用人，其谁飨之？①

司马子鱼批判盛行于殷、周的人祭制度时运用的思想武器，还是民本主义——既然人是神之主，祭祀是为了人。那么，用人做牺牲，谁还会来享用呢？

对于春秋年间的"重民"政治家，如邾文公、郑子产、齐晏婴，《左传》也加以肯定。《左传》记述，邾文公曾说：

> 苟利于民，孤之利也……民既利矣，孤必与焉。②

子产则提出"天道远，人道迩"的著名论点，劝诫人们

---

① 《左传·僖公十九年》。
② 《左传·文公十三年》。

中国人文
大义

>>> 首先满足民众的意愿,实现"民和年丰",才能得到"神降之福"。春秋时出现了许多"重民"的政治家。
>>> 图为汉代壁画《放牧牛耕图》。

不要一味追求那个遥远不可捉摸的"天道",而应更多地注重切身的"人道"。这在充满对"天""神"迷信的时代,是一种新颖而大胆的卓见。当齐王因彗星来临而惊慌,急忙要祝人祈祷时,晏婴却正告齐王:"君无违德,方国将至,何患于彗?"反之,如果违背德政,"民将流亡,祝史之为,无能补也"①。在子产、晏婴这些充满智慧和理性的言论后面,除了可以看到科学知识对他们的启迪外,还尤其显示人文因素的强劲影响:民众的力量已成为这些政治家考察的主要问题,而冥冥上苍的恩宠或惩罚,已不太为他们所关切了。

此外,《左传》还有许多否定鬼神迷信,从人本身求得人事因由的卓越命题,如"吉凶由人"②"妖由人兴""妖不自作"③"祸福无门,唯人所召"④,等等。在《左传》中,神的阴影并未逐出天幕,但神往往被当作虚应故事,并未认真对待,书中着力研讨的是人的好恶和追求,"听于民"才是执政者确定动向的真正准绳,甚至连神本身,也不过被看作人的意志的执行者,所谓"神,聪明正直而壹者也,依人而行"⑤。这样的"神道"观已基本上化入"人道"观之中了。

---

① 《左传·昭公二十六年》。
② 《左传·僖公十六年》。
③ 《左传·庄公十四年》。
④ 《左传·襄公二十三年》。
⑤ 《左传·庄公三十二年》。

第二节

《易传》《礼记》鬼神观的人文倾向

如果说成书于战国初年的《左传》罗列大量事例,将"远鬼神,近人事"的思维路向通过历史现象加以展示。那么,成书于战国末年的《易传》和《礼记》则从理论形态上将殷、周以来人格神的鬼神观化解为人文主义的鬼神观,把鬼神诠释为天道自然的神妙变化。《周易·观卦》的《象传》说:

> 观天之神道,而四时不忒;圣人以神道设教,而天下服矣。

《周易正义》对"神道"的解释是:

> 神道者,微妙无方,理不可知,目不可见,不知所以然而然,谓之神道。

这种神道观已与宗教有神论相去甚远。"以神道设教",意谓效法神妙的天道规律去教化天下,这是在中国影响深远的一种观念。

《周易·系辞上》又说:

> 范围天地之化而不过,曲成万物而不遗,通乎昼夜之道而知,故神无方而《易》无体。

这里所论之"神"仍然是指天道自然运行规律的神妙莫测,所谓"阴阳不测之谓神"[1]"神也者,妙万物而为言者也"[2],神在这里不过是阴阳微妙玄通变化的表现,与人格神观念两不相及。

《系辞上》还对"鬼神"的情状做了具体描述:

> 精气为物,游魂为变,是故知鬼神之情状,与天地相似,故不违。

这里在阐明鬼神情状时虽然引出"游魂"说,透现出"灵魂不灭"论的痕迹,但主旨是在天道自然的范围内解释鬼神。《周易》还提出另一重要论点:一切天地幻化之神妙,人(通过"圣人")皆可模拟之,所谓"是故天生神物,圣人则之;天地变化,圣人效之;天垂象,见吉凶,圣人象之;河出图,洛出书,圣人则之"[3]。这就在天道原创的前提

---

[1]《易·系辞上》。
[2]《易·说卦》。
[3]《易·系辞上》。

下，肯定人仿效、发挥天道的能动作用，从而将鬼、神驱逐到可以忽略不计的位置上。

《礼记》也守持着《论语》—《左传》—《易传》的"人—神"路线。其《中庸》说：

> 子曰："鬼神之为德，其盛矣乎！视之而弗见，听之而弗闻，体物而不可遗。使天下之人，齐明盛服，以承祭祀。洋洋乎，如在其上，如在其左右。《诗》曰：'神之格思，不可度思，矧可射思？'夫微之显，诚之不可掩，如此夫。"[①]

这里所说的鬼神不是人格神，也不是独立于天地之外的精神，而是天道自然本身的微妙属性，高悬于人之上，充溢于人之间。其《祭义》又说：

> 因物之精，制为之极，明命鬼神，以为黔首，则百众以畏，万民以服。[②]

这里所说的鬼神仍然是指万物之精华、造化之极品，它们之所以被命名为"鬼神"，是为了使庶众百姓畏服。这显然是"圣人神道设教"的另一说法。

---

① 《礼记·中庸》。
② 《礼记·祭义》。

>>> 孟子"知其性,则知天"的观念,其主旨也在强调以人为本位。
>>> 图为近代黄山寿《孟母三迁》。

《礼记》将鬼神归之于天道自然的微妙幻化，而认为人才是真正与"道"同在，并对道的运行起具体作用的因素。《中庸》说：

> 道不远人，人之为道而远人，不可以为道。①

意谓道是不能离开人的，离开了人来行道，就不可以行道了。又说：

> 大哉圣人之道！洋洋乎发育万物，峻极于天。优优大哉！礼仪三百，威仪三千，待其人然后行。②

认为圣人之道伟大至极，但是必须等待有适当的人才能实行，这便是"人能弘道，非道弘人"③。这种人道观的阐释，与孟子（前372—前289）的"知其性，则知天矣"④（知晓人性也就知晓天道）的观念也是一脉相通的，其主旨都在强调以人为本位。

人及人事是中国文化讨论的基本主题，正心、诚意、修身、齐家、治国、平天下等人间世务是其反复研习的课目，

---

① 《礼记·中庸》。
② 同上。
③ 《论语·卫灵公》。
④ 《孟子·尽心上》。

至于鬼神，虽然未被明确否定和排斥，却或者虚设其位，或者化解为天道自然的表现，类似耶和华上帝那样的人格神观念没有得到发展。中国文化勾勒的是一幅幅斑斓的人生现世图，其旨意在于引导人们从生趣盎然的此岸现世学做圣贤，而没有着力构筑一个虚幻的彼岸世界，引导人们到那里去寻找灵魂解脱。这一导向，对中国人的影响至深至远，中国文化的非宗教倾向和俗世化风格，中国人区别于印度人和希伯来人的特别的终极关怀方式，都由此派生出来。

第三节

中国宗教的现世化风格

说中国文化具有俗世化倾向,并不意味着中国人没有宗教①追求。不过,中国宗教呈现一种现世化风格,这既可从外来宗教入华后的演变看,又可从本土宗教的价值取向看。

先论外来宗教入华后的演变,这里举佛教作例。

产生于南亚次大陆的佛教本是一个力图与外部权威脱离的宗教。原始佛教禁止出家人与国王有联系,佛教经典告诫

---

① 中国古代典籍本无"宗教"一词,作为一个外来词有两种源头,一为印度佛教,佛教以佛陀所说为教,以佛门弟子所说为宗,宗为教的分派,二者合称"宗教",意指佛教教理。二为西文 religion,泛指对神道的信仰。宗教本质有三种把握向度:(一)以神为中心来规定宗教本质;(二)把信仰主体的个人体验作为宗教本质;(三)以宗教的社会功能来规定宗教的本质。从历史形态区分,宗教可分为自发宗教和人为宗教。人为宗教又分为民族宗教(或国家宗教)及世界宗教。各种宗教体系的宗教观念都要通过一定的语言或文字形式表达出来。那些文字表达形式便是宗教圣典。

道:"比丘,莫复生心亲近国家。"①佛教相信自己处于国家权限之外,修行者应脱离任何政治事务,所谓"菩萨摩诃萨不亲近国王、王子、大臣、官长"②"比丘不应近王"③,这便是著名的"沙门不敬王者"说。然而佛教入华后,在中国这块以王权政治为中心的高度现世化的社会里,佛教的中国化过程,改变着"不敬王者""莫亲近国家"的原有风格,而变得逐渐靠拢统治阶级,甚至演为帝王的工具。中国佛教组织往往从朝廷那里接受土地和财产的赏赐,佛教教派首脑以接受帝王"册封"为荣;而不是像欧洲那样,帝王需要教皇的加冕方博得统治权的正统性。

原始佛教不仅"无君",而且"无父",所谓"口不言先王之法言,身不服先王之法服,不知君臣之义、父子之情"④,主张摆脱血缘伦常的束缚。佛教鼓励出家,本身便与孝道相悖。然而,中国化佛教教派渐渐也讲究尽孝,其轮回说竟演为父母死后做超度的佛事,汉译佛典中甚至还掺入伪造的《父母恩重经》,阐发孝道,宣扬忠君,其文义与《孝经》略同。此外,原始佛教本不以俗事为务,而佛教入华以后,逐渐在教义中宣扬入世和功德渡人,并增添许多原始佛

---

① 《增一阿含经》卷四二。
② 《妙法莲华经·安乐行品》第十四。
③ 《正法念处经》卷第五十。
④ 韩愈:《论佛骨表》,见《韩昌黎集》卷七。

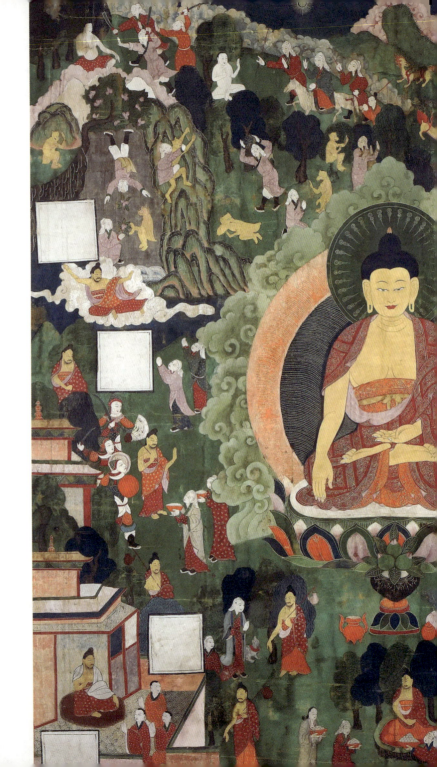

>>> 原始佛教本不以俗事为务,而佛教入华以后,逐渐在教义中宣扬入世和功德渡人,并增添许多原始佛教所绝无的人生实务功课。

>>> 图为清代唐卡《佛传图》。

教所绝无的人生实务功课。佛教"原版性"的这诸多变化，基本倾向是由"出世"转而"入世"，这大约是"近朱者赤"和"入乡随俗"吧！

与佛教入华以后的改变相类似，基督教在明、清之际入华，利玛窦等耶稣会士为顺应中国民情风俗，曾允许中国受洗者仍然保持祭祖祀孔的习惯。可见中国文化的现世化倾向，是任何一种外来宗教要在中国得以传播所不得不认真对待的特别国情。不过，基督教是一个教规更为严格的宗教，而且有中心机构（梵蒂冈教廷）指挥全球范围传教活动，不能容忍这样直接与基督教一神教教义相违背的大变化。

1715年，罗马教皇克雷芒十一世发布"禁约"，因而自康熙末年以后，中国基督徒被允许祭祖祀孔的做法时行时止。1742年，教皇本笃十四世最后裁决，重申"禁约"，但基督教也因此遭到清王朝的驱逐和禁绝，直至19世纪中叶以后，基督教在西方殖民主义的坚船利炮的伴随下，才再度入华。

综上所述，外域宗教入华之后，几乎都有一种"出世性"被淡化、"入世性"被强化的过程，这正是中国文化人文精神熏陶感染的结果。

次论中国本土宗教的特性，这里以道教作例。

道教渊源于中国古代巫术和秦、汉时的神仙方术，后又吸收《老子》《庄子》《列子》诸书的思想，基本信仰和教

>>> 道教渊源于中国古代巫术和秦、汉时的神仙方术。
>>> 图为清代佚名《群仙贺寿图》。

义是"道",认为"道"是造化之根本,宇宙、阴阳、万物都由其化生,这同老、庄思想颇近。然而老、庄并不承认人格神,故非宗教;而道教崇拜最高尊神,即人格化的"三清"——玉清元始天尊、上清灵宝天尊、太清道德天尊,并有一整套修炼方法——服饵、导引、胎息、内丹、外丹、符箓、房中、辟谷等,和宗教仪式——斋醮、祈祷、诵经、礼忏。作为产生于中国本土的宗教,道教深深熏染了中国文化精神的一些基本特征。与世界其他宗教分裂灵魂与肉体、划分此岸世界与彼岸世界大不相同,道教是一种现世的宗教,其信仰目标并非到彼岸做尊神或与天使同列,而是"羽化登仙",既在现世享受荣华富贵,又带着这享乐的肉体升腾仙界。道教还专设功名禄位神——文昌帝君,又设财神赵玄坛——即民间所称之"赵公元帅",以满足信徒的双重要求:既想长生久视、超度成仙,又不忘怀于现世的利禄功名。

《红楼梦》第一回中跛足道人唱的一段歌谣将这种特别心态描绘得贴切:

> 世人都晓神仙好,唯有功名忘不了!
> 古今将相在何方?荒冢一堆草没了。
>
> 世人都晓神仙好,只有金银忘不了!
> 终朝只恨聚无多,及到多时眼闭了。

世人都晓神仙好，只有娇妻忘不了！
君生日日说恩情，君死又随人去了。

世人都晓神仙好，只有儿孙忘不了！
痴心父母古来多，孝顺儿孙谁见了？

道教正好把握住中国人的这种既晓"神仙好"，又"忘不了"现世享乐的二重心态，提供一个出世与入世、成仙与现世享福两全其美的方案。鲁迅（1881—1936）说：

前曾言中国根柢全在道教，此说近颇广行。以此读史，有多种问题可以迎刃而解。①

人往往憎和尚，憎尼姑，憎回教徒，憎耶教徒，而不憎道士。
懂得此理者，懂得中国大半。②

就揭示中国国民性的内核而言，鲁迅的这些警句确乎有一语破的之妙。

由于道教从现实性与超越性的统一上适应着宗法的中国人的需要，所以道教颇受统治阶级的青睐，得到帝王的提

---

① 《致许寿裳》，见《鲁迅全集》第11卷，北京：人民文学出版社1993年，第353页。
② 《小杂感》，同上书，第3卷，第532页。

>>> 《红楼梦》第一回中跛足道人唱的一段歌谣将这种特别心态描绘得贴切。

>>> 图选自清代孙温《全本红楼梦图》。

携。如唐太宗（599—649）曾颁布《道士、女冠在僧尼之上诏》，规定先道后释，推行"扶道抑佛"政策。两汉以降，不少道士充当朝廷"国师"，朝廷往往也设置"道官"（一般由上层道士担任）以管理道教事务，如金代有"道录""道正"之设；明代更在中央置"道录司"，府置"道纪司"，州置"道正司"，县置"道会司"；清沿袭明制，中央至地方各级均设道官。道教与国家政权的这种密切关系，正是中国宗教"现世性"的一种表现。

第四节

"人生三不朽"与"复归自然":
中国式终极关怀两走向

有的西方学者（如保罗·蒂里希）将宗教定义为人的"终极关怀"（Uitimate Concern），如果以这种"泛宗教"观论之，非神学的中华元典也不乏宗教情怀。

宗教典籍往往就人的"终极关怀"铺陈出庞大的体系，如《圣经》衍出原罪救赎说、天堂地狱说、世界末日说、最后审判说，在人死后的结局和世界末日等"终极"问题上形成一个完备的"终极论"。中华元典走着一条"循天道，尚人文""远鬼神，近俗世"的思维路向，更多地注目于"现实关怀"，并未着意讨论"终极关怀"，但也有论及生死观和不朽观的所在，而且颇具特色。

先秦哲人大都不详细论"死"，他们认为，"生前"都没有研究清楚明白，何必去议论无从证实的"死后"呢！这便是孔子在子路"问死"时简单答复："未知生，焉知死"[①]的

---

① 《论语·先进》。

缘故。老子以"出生入死"①概括人的生命过程,并认为,当人与不死的"道"同在,人就"无死地"②。孔、老多有歧点,但不谋求彼岸的永生,却大体近似。这正是中国式的终极关怀的特征所在——一种着意于把握"生",而又视"死"如归的理智主义。

庄子是先秦思想家中最热衷于探讨死生问题的。他从相对主义出发,打破死生的严格界线,认为"方生方死,方死方生"③。又从生机的气化论出发,指出生死是气之聚散,"人之生,气之聚也;聚则为生,散则为死"④。他既感慨于生的短暂,所谓"人生天地之间,若白驹之过隙,忽然而已"⑤。又祝贺死的到来,其妻死,"鼓盆而歌"⑥。又描述子桑户、孟子反、子琴张三人"相忘以生,无所终穷",子桑户死,孟子反、子琴张"临尸而歌"⑦,歌颂一种"死生一如"的人生观。他则从仁道观出发,强调死的道义价值,他说:"尽其道

---

①《老子》第五十章。
②同上。
③《庄子·齐物论》。
④《庄子·知北游》。
⑤同上。
⑥《庄子·至乐》。
⑦《庄子·大宗师》。

中国人文
大义

>>> 庄子既感慨于生的短暂，又祝贺死的到来，其妻死，他"鼓盆而歌"。
>>> 图为明代张宏《击缶图》。

而死者,正命也。"① 又说:"生,亦我所欲也;义,亦我所欲也。二者不可得兼,舍生而取义者也。"② 这是一种伦理至上的生死观。

与上述伦理至上的"生死观"互为因果的,是中国特有的历史主义的"不朽观"。

古人的"不朽"意识大体有两类。一类从"神不灭论"出发,认定人的肉身可亡,而灵魂不死。《圣经》是此类不朽观的典型代表,这部希伯来元典反复训示,人的"不朽"在于"与上帝同在"。到彼岸世界去求得永生和超脱,是基督教文化系统"终极关怀"的主旨所在。另一类"不朽"意识则寄寓于历史无穷流变的恒久性,中华元典基本上持这一类不朽观。对此论述较详的,见之于《左传》。

鲁襄公二十四年(公元前549)春天,鲁国的叔孙豹出使晋国,晋国的范宣子问叔孙豹何谓"死而不朽",叔孙豹未答。范宣子举出匄的例子,说他的祖系从尧、舜、夏、殷、周直至当代的晋国都受封享禄,应当算是"不朽"了。叔孙豹则不以为然,认为这不过是"世禄"而已,并非"不朽"。他进而正面阐明自己的不朽观:

> 豹闻之,太上有立德,其次有立功,其次有立言,

---

① 《孟子·尽心上》。
② 《孟子·告子上》。

>>> "王子比干杀身以成其忠,柳下惠杀身以成其信,伯夷、叔齐杀身以成其廉。此三子者,皆天下之通士也。"
>>> 图为宋代李唐《采薇图》。

虽久不废,此之谓"不朽"。①

"三不朽"说的主旨是将个人有限的生命融入无尽的历史。当一个人确立起崇高的道德,建树起宏伟的功业,留下

---

① 《左传·襄公二十四年》

内容与形式双美的言论文字,其德、行、言影响时人和后人至深至远,其人便经久而名不废,与无止境的历史同在,斯之可谓"不朽"。

《韩诗外传》曾举出一系列历史故事,论证这种不朽观:

> 王子比干杀身以成其忠,柳下惠杀身以成其信,伯夷、叔齐杀身以成其廉。此三子者,皆天下之通士也。岂不爱其身哉?为夫义之不立,名之不显,则士耻之,故杀身以遂其行。由是观之,卑贱贫穷,非士之耻也;

天下举忠而士不与焉,举信而士不与焉,举廉而士不与焉,三者存乎身,名传于世,与日月并而息,天不能杀,地不能生,当桀、纣之世不之能污也。①

这里赞扬一种伦理至上的生死观,其基石便是个体生命价值与历史相融会的不朽观,由此构成中国式的终极关怀,树立起"君子生以辱,不如死以荣"②的信念,培养出墨家式的"赴火蹈刃,死不还踵"③的精诚勇毅,儒家式的杀身成仁、舍生取义的节操。宋人文天祥(1236—1283)在被元军俘虏后,拒不投降,慷慨就义时,他衣带中有一赞词曰:

孔曰成仁,孟曰取义,惟其义尽,所以仁至。读圣贤书,所学何事?而今而后,庶几无愧!④

文天祥的"所学何事"中间,其答案正是那"三不朽",尤其是"立德",也即道德的完成。这是中国式终极关怀的生动注解:辞别人世时考虑的既不是现世的享乐和苟且偷

---

① 韩婴:《韩诗外传》卷一。
② 董仲舒:《春秋繁露·竹林》。
③ 刘安:《淮南子·泰族训》。
④《文山全集》卷一四。"丹青",指丹砂、青腹两种可做颜料的矿物,丹青之色不易泯灭,比喻坚贞不渝。"汗青",指史册,古时在竹简上书写,为免虫蛀,先以火炙青竹令汗。"垂丹青""照汗青"指载诸史册,永垂不朽。

生,也不是求得彼岸世界的超脱,而是立德行于永恒的历史,所谓"时穷节乃见,一一垂丹青",所谓"人生自古谁无死,留取丹心照汗青"①。实现道德的完成,便能垂之于史册,上可顺乎天道,告慰列祖列宗;下可教育后人,使正气长存,自己的灵魂也就得到了安顿,"而今而后,庶几无愧"。

如果说,从《左传》的"三不朽"到文天祥的"留取丹心照汗青",主要体现儒家式的终极关怀;那么,道家则显示一种自然主义的终极关怀。老子把"自然"视作最高范畴,所谓"人法地,地法天,天法道,道法自然"。认为崇仰并复归于自然,方是"长生久视之道"。庄子也主张顺应自然,认为人的生适时而来,人的死适时而去。②生与死像黑夜和白天转换一般自然。③因而庄子把"死生存亡之一体"视作高妙境界,提倡"坐忘",使人与自然相融化。儒家的伦理主义和历史主义、道家的自然主义,是中国式终极关怀的两大路向。它们互为补充,共同构成中国人安身立命的精神支柱,是中国人文传统的鲜明展现。

有些人认为中国文化系统中缺乏"终极关怀"。此说是

---

① 文天祥:《正气歌》。
②《庄子·养生主》:"适来,夫子时也;适去,夫子顺也。"
③《庄子·大宗师》:"死生,命也,其有夜旦之常,天也。"

>>> 宋人文天祥在被元军俘虏后，拒不投降，慷慨就义。
>>> 图为当代许江、邬大勇、孙景刚《天地悠悠：文天祥过零丁洋写照》。

从《圣经》之类的"终极关怀"模式出发,以为不谈或少谈天堂地狱、世界末日、赎罪拯救,便不能算作"终极关怀",其实,中国文化除研讨政经社会、外王事功这些"现实关怀"之外,也精思安身立命、内圣成德等"终极关怀",不过其题旨和完成方式自有鲜明的人文特色,论者应深予体察。当然,中国传统的终极关怀也有明显弱点,正如胡适所指出的,中国的"三不朽"说只局限于少数有道德、有功业、有著述的人,于绝大多数人的人生实践无关,因而是"寡头的不朽论";同时,"三不朽"说只从积极一面着想,没有消极的裁制,其涵盖范围也失之模糊。① 道家复归自然的终极关怀又有可能导向消极无为之一途。因此,创立可以用之于广大民众新的生活实践的人生理想,是一个重要的文化课题,梁启超、李大钊、鲁迅等启蒙思想家都为此做过有益的探索。需要指出的是,"三不朽"说和"顺应自然"说尽管有其历史局限,但仍然是建设新时代的"终极关怀"的重要基点和借鉴源泉。

---

① 《不朽》,见《胡适文存》卷四,上海:上海亚东图书馆1921年。

第三章

伦理中心与经世取向

在中国文化系统中,道德论压倒知识论是一种明显倾向,构造出一种"重德求善"的文化类型,与"重知求真"的希腊文化类型形成鲜明对照。这是中国人文传统的又一特征。

第一节

伦理型文化

伦理学的希腊语对应词为 ethika，出自 ethos，意为习惯，它研究的对象是道德，而道德是以善与恶、正义与非正义、公正与偏私等原则来评价人们行为和调节人与人的关系的。伦理学的使命是解决生活中最实际的德行问题，而德行的原则不是学者所能独立建构的，而是人们在社会实践过程中制定的，这些原则反映着许多世代大量的生活经验和习惯，伦理学者不过是把这些原则概括起来加以系统化。跨入文明门槛以后，氏族制在中国解体不充分，而氏族社会的特点是，人们的思想行为以千百年来形成的生活经验和习惯为准则，历来的习俗就把一切调整好了。在这些生活经验和习惯加工为法律之前，便已纲緼化育为伦理观念，左右着宗法社会下人的思想行为；当成文法出现以后，"宗法之民"仍然乐于——或者说更习惯于主要通过伦理观念支配自己，而让成文法退居幕后。商鞅、韩非子等法家企图用"前刑而法"取代"先德而治"①，结果只见效一时而不能行之久远；宗法社会选择的文化主体，终究是德治主义。"民，吾同胞；物，吾与也"②等一类充满血缘亲情的哲理，渗入汉民族心灵的深层。

在宗法血缘纽带较早解体的民族和国度，如希腊、罗马，更多地仰仗法律维系社会秩序，与之相随的是，主体与客体两分、心灵与物质对立的观念应运而起，人们的视野也不局限于伦常关系，转而探索大自然的奥秘和人类的思维规律，宇宙生成学和形而上学得以发展。在古希腊人那里，伦理哲学不过是整个学术文化中与其他门类彼此鼎立的一足。如柏拉图（公元前427—前347）所代表的古希腊哲学体系包括思辨哲学、自然哲学和精神哲学（又称道德哲学）。以后，斯多噶派明确地把哲学分为逻辑学、物理学（即自然哲学）、伦理学（即精神哲学）。近代的黑格尔（1770—1831）是在承袭这种"三分法"的基础上，建立起自己庞大的哲学体系的。总之，从希腊到近代西方，"求真"型的科学文化构成主潮。这种文化类型把宇宙论、认识论与道德论严加区分，分别作纵向研究，因而本体论、认识论得到独立发展，没有与道德论混为一谈。

古中国的情形却别具一格：人伦效法自然，自然又被人

---

① 《商君书·开塞》。
② 张载：《正蒙·乾称篇》第十七上。

>>> 古中国的情形却别具一格。人伦效法自然,自然又被人伦化,形成天人合一、主客混融的局面。
>>> 图为明代孙克弘《消闲清课图·月上》。

伦化,形成天人合一、主客混融的局面。自然界既然未被当作独立的认识对象同人伦相分离,因此,以外物为研究对象的学科遭受压抑,自然哲学也就很不发达,思辨哲学也无以获得充分发育,而伦理学一枝独秀,其他学科门类往往以伦理为出发点和归结点。如政治观念大都是从伦理道德观念中引申而来的,"三纲五常"本是讲的伦常关系,后来被政治化、法律化,不忠不孝被视作"大逆不道",可判极刑;全忠全孝,做道德完人,成为"最大的政治"。社会各阶层的人们都习惯于用道德准则评判政治,政事往往被归结为善恶之别、正邪之争、君子小人之辨,很少将政治问题置于知识论的基础上加以考察和评析。

以"三纲五常"为基本内容的伦理观念占据汉文化的中心位置,并构成选择异质文化的"过滤器"。在古代和中世纪,许多国度和民族以宗教作为撑持社会秩序的精神支柱,汉文化系统虽然容纳多种宗教,却避免了全社会的宗教化,原因之一是宗教精神难以通过纲常名教这块"过滤器"。大多数宗教都漠视世俗的人伦关系,如佛教教义主张无君无父,一不敬王者,二不拜父母,不受礼教道德的约束,"口不言先王之法言,身不服先王之法服,不知君臣之义、父子之情",而注重血亲关系的宗法制社会是不能容忍这一点的。某些中国本土宗教(如道教)和外来宗教的中国化教派(如佛教的禅宗)在尽孝、尽忠这伦理的两大端上做出让步,方获国人的理解,得到顺利的发展。总之,在汉族系统,曾经长期充当社会精神支柱的,是伦理道德学说,或称伦理世界观,它在某种程度上起着与欧洲中世纪神学世界观相类似的作用,成为一种"准宗教"。

与伦理中心主义直接相联系,中国的"治道"特别注重道德化和身教的作用,"以身训人是之谓教,以身率人是之谓化"①,尊者、长者尤其要讲究以表率服人。所谓"父不慈则子不孝,兄不友则弟不恭,夫不义则妇不顺"②,帝王在发生灾荒或社会动乱时,便下诏"罪己"。这类行径不能以"虚伪"一言以蔽之,它实际上是氏族制遗风:帝王检讨工作,并进行道德上的自我批评,以求得氏族成员的谅解和支持。以后,国家建立,相继颁布无数成文法,但在宗法社会,道德的威力始终被看得比法律更为重要和有效。孔子说的"道之以政,齐之以刑,民免而无耻;道之以德,齐之以礼,有耻且格"③,便点明此种"德治主义"的精义。中国的统治者往往主要是以伦理的训条,而不是单以法律精神治理国事;每一个个人首先考虑的也不是遵从国家的法制,而是如何在错综复杂的人际关系中履行伦理义务:臣对君尽忠,

① 管同:《与朱干臣书》,见《因寄轩文初集》卷六。
② 颜之推:《颜氏家训·治家》。
③ 《论语·为政》。

子对父尽孝，妇对夫尽顺，弟对兄尽悌；与此同时，君、父、夫、兄等尊者长者，对臣、子、妇、弟等卑者幼者也有特定的义务。这二者的配合，便构成宗法式社会的"和谐"。

总之，汉人作为一个颇富于义务感的民族，其社会意识主要不是靠宗教和法治支撑，而是依赖建立在宗法制度基础上的伦理观念加以维系。

高度重视伦理道德学说，不只是某一学派的信念，而且是整个中国汉文化系统的共同特征。儒家创始者孔子极端注重伦理学说，是人所共知的，他以"仁"为"至德"，而把孝悌、忠信、礼、勇等都从属于"仁"的总原则之下。"仁"从"人""二"，讲的是如何处理人际关系。它以"亲亲"为出发点，推及"尊尊"，认为"孝悌"是"仁"的根本，又由血亲之爱的"孝悌"生发开去，演为对尊贵者的忠诚，"其为人也孝悌，而好犯上者，鲜矣"[1]！这样，"仁学"便成为宗法思想与国家观念的中介，实现了"亲亲有术"与"尊贤有等"的统一，因而在宗法时代受到特别的推崇。孟子又将孔子的道德学说加以条理化，提出"仁义礼智""孝悌忠信""父子有亲，君臣有义，夫妇有别，长幼有序，朋友有信"[2]等道德条目，并进一步将"亲亲"与"尊贤"调和起

---

[1]《论语·学而》。
[2]《孟子·滕文公上》。

>>> 儒家创始者孔子极端注重伦理学说,以"仁"为"至德",而把孝悌、忠信、礼、勇等都从属于"仁"的总原则之下。
>>> 图为现代陈少梅《二十四孝图·扼虎救父》。

来，正如思孟学派著的《中庸》所说:"敬其所尊,爱其所亲""尊贤则不惑,亲亲则诸父昆弟不怨",这套原则为整个宗法——专制时代所崇奉。

墨家面对"天下大乱"的时代,一力探究"乱源",其结论是"当察乱何自起？起不相爱。臣子之不孝君父,所谓乱也。……若使天下兼相爱,国与国不相攻,家与家不相乱,盗贼无有,君臣父子皆能孝慈。若此,则天下治"①。这是典型的道德救世论。墨家的"兼爱"与儒家的"爱有等差"颇相径庭,但在企图用劝导人们完善道德的办法来救世这一点上却很相近。墨家虽然有比较发达的自然学说,但伦理学说仍然是其体系的核心内容。

道家尖锐抨击儒、墨两家宣扬的世俗道德观念,尤其是其中的君臣、父子之道,但道家自身也十分注重伦理的探讨。《老子》又名《道德经》,其中所讲的道与德,除哲学本体意义外,还有伦理学意义,如"以道莅天下,其鬼不神""圣人之道,为而不争"等句中的"道",指人类活动的最高准则;"修之于身,其德乃真""常德乃足,复归于朴"等句中的"德",指人的本性和品德。老子反对仁义、忠孝等礼教德目,却倡导"贵柔""知足""不为天下先""不争"等道德信条;庄子则追求"保身""全生""养亲""尽年"②。

---

① 《墨子·兼爱上》。
② 《庄子·养生主》。

老、庄思想表现了宗法社会注重个体修养和伦常关系的倾向，是伦常中心主义的另一种表现形态。

法家与儒家歧见迭出，但全神贯注于伦理问题的探示，同样是法家学说的潜质。如韩非子曾提出"臣事君，子事父，妻事夫"为"天下之常道"的"三纲"思想，认为"三者顺则天下治，三者逆则天下乱"①；管仲以"礼义廉耻"为民族的精神支柱（"四维"），认为"不恭祖旧，则孝悌不备；四维不张，国乃灭亡"②，并强调任何事务都可以弃而不顾，唯独干系"君臣之义，父子之亲，夫妇之别"的学问一刻也不能马虎，而要时时加以切磋。

由先秦思想家构造起来的伦理学说，其历史土壤是宗法家长制，而它一经产生，便对中国民族精神发生巨大影响，魏晋玄学的"名教自然之辨"、宋明理学的"天理人欲之辨"，都是运用思辨去满足伦理需要的范例。直至明、清之际，早期启蒙思想家也仍然恪守伦理中心主义，王夫之（1619—1692）等人虽然对蒙昧主义发起抨击，对"人欲"的正当性加以肯定，但他们更为重视"人"对社会国家的伦理义务，认为只有在这个范畴内，"人欲"才具有合理性。

伦理中心主义还渗透到意识形态的各个分支中，如汉文学高度强调"教化功能"，将文学作为"载道"的工具；史

---

①《韩非子·忠孝》。

②《管子·牧民》。

>>> 由先秦思想家创造起承的伦理学说，一经产生便对中国民族精神发生巨大影响，魏晋玄学的"名教自然之辨"，就是运用思辨去满足伦理需要的范例。

>>> 图为清代沙馥（款）《竹林七贤》。

学以"寓褒贬,别善恶"为宗旨;教育以德育压倒一切,智育成为德育的附庸;哲学则与伦理学相混合,孔、孟的哲学更成为一种"伦理哲学",都是突出表现。

作为伦理型的汉文化,将人推尊到很高的地位,所谓"人为万物之灵""人与天地参""天有其时,地有其材,人有其治"①,把人与天、地等量齐观,并列论之。因此,有的学者将欧洲中世纪神本主义的基督教文化称为"天学",将宣传"轮回""因果报应"的印度佛教文化称为"鬼学",将重视人伦道德的中国儒学称为"人学",这种概括不无道理。不过,汉文化系统的"重人"意识,并非尊重个人价值和个人的自由发展,而是将个体与类、将人与自然和社会交融互摄,强调人对宗族和国家的义务。因此,这是一种宗法集体主义的"人学",与近代欧洲勃兴的以个性解放为旗帜的人文主义属于不同范畴。

以伦理中心主义为出发点,又生长出"贵义贱利"的价值观。所谓"正其谊(义)不谋其利,明其道不计其功"②,把统治阶级的最高利益推尊为"义"和"道",要求人们为之献身,却禁绝人们去谋求自身的"功"和"利",将动机和效果截然两分,只强调动机,不注重效果。与此同时,又派生出"德力分离"的观念,引导人们追求道德上的完善和

---

① 《荀子·天论》。

② 《汉书·董仲舒传》。

道义上的胜利，漠视功利与生的特质——力，认为，"德之所在""义之所在"，生死赴之，物质欲望与力的夸耀都被认为是不道德的、低贱的。这种文化氛围养育了士大夫脱离实际、空论仁义的陋习，成为与"经世致用"既相矛盾又相联系的另一传统。

自先秦延续下来的伦理中心主义，是以"忠君、孝亲"意识为主体的伦常主义，曾长期制约着中国人的思想方式和生活方式，直到近古，才有所突破，如明代晚期泰州学派的何心隐（1517—1579）便置君臣、父子、夫妇等伦理规范于不顾，所谓"人伦有五，公舍其四，而独置身于师、友、贤、圣之间"①。明、清之际的顾炎武（1613—1682）则主张区分天下人之"天下"与一姓一朝之"国家"，并明确指出：

> 保国者，其君其臣肉食者谋之；保天下者，匹夫之贱，与有责焉耳矣。②

黄宗羲、王夫之、唐甄等人也有类似见解。但这类具有初级启蒙色彩的思想并未在社会上普及开来，清代占统治地位的仍然是伦常中心主义。直至五四新文化运动，才真正把清算伦常中心主义的任务提上日程。

---

① 李贽：《何心隐论》，见《焚书》卷三。
②《正始》，见《日知录》卷一三。

第二节

经世致用取向

与伦理中心主义紧密相连,并且更具体地展现人文精神的是经世主义。

经世,亦即治世。这里的"经"字,在先秦典籍中往往与"纶"字并用,含有"匡济"之义,《周易》说:"君子以经纶。"① 《周易正义》释曰:"经谓经纬,纶谓纲纶。"《中庸》说:"唯天下至诚,为能经纶天下之大经。"朱熹注:"经者,理其绪而分之,犹雷自敛而发;纶者,比其类而合之,犹云自散而聚。"② "经世"并用,则首见于《庄子》:

> 春秋经世先王之志,圣人议而不辩。③

秦、汉以后,更常见经世、经术(经世之术)、经实

---

① 《易·屯卦·象传》。
② 《四书集注·中庸章句》。
③ 《庄子·齐物论》。

（经世之实用）、经济（经世济民）等用语。它们大体都是指一种与消极遁世相背的价值取向，其精义在于引导人们经邦治国，建功立业。

"经世"的前提是"入世"，而积极入世恰恰是包括儒家在内的中国文化的一种基本倾向。这种入世文化不着意构筑彼岸世界和灵魂永生的幻象，却教导人们在此岸世界"学做圣贤""立德、立功、立言"，达到人生"三不朽"境界。正是由于这种风尚的弘扬和普及，使中国得以避免全民族的宗教迷狂，造就出一种非宗教的、以人伦纲常为中心的文化，与西亚、欧洲、南亚次大陆的民族和国度在古代和中世纪长期被宗教神学所主宰相区别。

"经世致用"是伦理—政治型的中国文化的一种传统精神。这种经世精神由元典确立，又播及诸子，延及后代。

当然，经世意识的强弱显隐程度，在不同学派间又有差异。中国学术很早便有"内圣"与"外王"两条发展路径。强调内圣之学的派别——如先秦的思孟学派、宋明的理学，虽未放弃经邦治国的目标，但经世意识愈益为个体修养及宇宙本体研究所湮没；而强调外王之学的派别——如先秦的荀子、南宋的事功派，则以"隆礼"为职志，致力于"修实政""施实德"，高扬"经世致用"的旗帜。同时，经世意识的强弱显隐程度还直接受到历史条件的左右。一般而言，社会生活平稳，文化专制强有力，经世观念往往作为一种"潜

中国人文
大义

>>> "经世致用"是伦理—政治型的中国文化的一种传统精神。这种经世精神由元典确立,又播及诸子,延及后代。"经世"并用,则首见于《庄子》:"春秋经世,先王之志,圣人议而不辩。"
>>> 图为宋代刘贯道《梦蝶图》。

质"埋藏在士人古色古香的学术外壳内,隐而不彰;到了社会危机四伏的关口,国家民族面对纷至沓来的内部的或外部的挑战,文化专制有所松动,士人的忧患意识便会大觉醒,其学术也在现实生活的冲撞、磨砺下,沿着经世的方向发展。

经世观念的确立,始于春秋、战国。如果说,殷商、西周时期政教合一,治道与巫术未分,那么,晚周思想家的一项重要工作是把政治从宗教中离析出来,使其还原成现实的治理之道。春秋、战国之际的人们曾这样描述政治:

> 政,不可不慎也。务三而已:一曰择人,二曰因民,三曰从时。[①]

这里的政治已经不再突出"礼神",而关注"治民"。中华元典作为"尊礼""近人"的周文化的体现,将殷商盛行的天命鬼神观念虚置起来,不予深论,其实也就是淡化了"礼神"而强化"经世"。

古代的知识阶层——"君子",其职业大略有三类。其一是司天文,战国时的阴阳家大抵由此类职业者演变而来。[②] 其二是司宗教事务,"夫人作享,家为巫史"[③]。在商、周,沟

[①]《左传·昭公七年》。

[②]《汉书·艺文志》:"阴阳家者流,盖出于羲和之官,敬顺昊天,历象日月星辰,敬授民时。"

[③]《国语·楚语下》。

>>> 古代的知识阶层——"君子",其职业大略有三类。
>>> 图为清代禹之鼎《乔莱竹林偶聚小像图》。

通神人的巫、史、祝、卜是当时文化的主要执掌者。其三是人君的政治辅佐者。这类佐理政务的人物,《尚书》称作"谋人"。《汉书·艺文志》认为:

> 儒家者流,盖出于司徒之官,助人君顺阴阳,明教化者也。

先秦诸子是否分别源于某一王官,儒家是否由掌管国家土地人民、官司籍田、负责征发徒役的"司徒之官"演化而来,一向聚讼未决,但儒家显然已与宗教职业者和专司天文者相分离,从而区别于"出于清庙之守"的墨家、"出于史官"的道家、"出于羲和之官"的阴阳家;同时,又由于儒家与负有"教化"之责的祭师阶层有承袭关系,所以儒家除"助人君"的一面之外,还有"道与艺合,兼备师儒"[①]的功能,从而区别于虽然佐理人君,却"无教化,去仁爱,专任刑法"的"理官"出身的法家。[②] 所以,儒家最完整地体现了"伦理—政治"型文化的特征。

"入世—经世"价值取向的确立,还与先秦历史背景相关。班固在《汉书·艺文志》中指出:

> 诸子十家,其可观者,九家而已。皆起于王道既

---

① 阮元:《揅经室集·拟国史儒林传序》。
②《汉书·艺文志》。

微,诸侯力政,时君世主好恶殊方,是以九家之术蜂出并作,各引一端,崇其所善,以此驰说,取合诸侯。

这里有两点值得注意:第一,先秦诸子产生在"王道既微,诸侯力政"的春秋、战国时代,各学派均由剧烈的政治斗争所诱发、所左右。第二,诸子"蜂出并作",顺应着"好恶殊方"的"时君世主"的需要,诸子百家都纷纷以自己的一端之说"取合诸侯",足见其政治依附性之强。而当时各个诸侯国、各个政治派别,都面对着生死攸关的军事、政治斗争形势,容不得依附于自己的士人们去一味从事高远的玄思,进行从容不迫的纯学术研究。总之,时代对各个学派提出的要求是拿出应世的方略,而不是一般意义上的玄妙理论。这就使得先秦诸子大都自觉不自觉地选择了"入世—经世"的价值取向,正如黄宗羲所说:

> 古者儒墨诸家,其所著书,大者以治天下,小者以为民用,盖未有空言无事实者也。①

就连形似逍遥、超然世外的老、庄,"齐物"是为了"齐人",骨子里也琢磨着何以"应帝王"。这种特定的社会背景使历史学、伦理学、政治学等直接探讨社会治理问题的学科,在先秦首先得到发展。"六经"之名得于后世,而其

---

① 《〈今水经〉序》。

>>> 时代对各学派提出的要求是拿出应世的方略,这使先秦诸子大都自觉不自觉地选择了"入世—经世"的价值取向。

>>> 图为当代佚名《诸子百家》。

内容却出现很早,"孔子之未生,天下有'六经'久矣"①。"六经"所涉及的学科主要是历史学、伦理学、政治学,所谓"《诗》以道志,《书》以道事,《礼》以道行,《乐》以道和,《易》以道阴阳,《春秋》以道名分"②。一言以蔽之,"六经"皆经世致用之学,孔子要弟子研读"六经",也不是为着造就徒托空论的学究,他明确告诫弟子:

> 诵《诗》三百,授之以政,不达;使于四方,不能专对。虽多,亦奚以为?③

清人方苞(1668—1749)领悟了"夫子之义",他说:"古之所谓学者,将明诸心以尽在物之理而济世用,无济于用者则不学也。"④ "通经致用""六经治世",成为中国古代的习惯说法。通经者方可以取仕,朝廷的诏令、群臣的奏议,也无不以"六经"为准绳和依据。清人章学诚(1738—1801)指出"'六经'皆史也。……'六经'皆先王之政典也。……若夫'六经',皆先王得位行道,经纬世宙之迹,而非托于空言"⑤;"夫子之述'六经',皆取先王典章,未尝离事而著

---

① 龚自珍:《定庵文集补编·"六经"正名》。
② 《庄子·天下》。
③ 《论语·子路》。
④ 《传信录序》。
⑤ 《文史通义·易教上》。

理"①。这就指明了经世主义特征。

晚周儒者虽然经世心切,却很不行时。司马谈(? —前110)、司马迁(约前145—约前87)父子对儒者的评论是"博而寡要,劳而少功"②"迂远而阔于事情"③。然而,儒者却十分自负,孔子对自己的治世能力便有极高的估价,他曾宣称:

> 苟有用我者,期月而已可也,三年有成。④

此亦即数月初见成效,三年大见成效。这种预测,在"礼崩乐坏"的周季显然是不切实际的。孔子本人的政绩记录是"斥乎齐,逐乎宋、卫,困于陈、蔡之间……累累若丧家之狗"⑤。然而,儒家"入世—经世"的信念,并没有因政治上的不得志和同时代人的不理解而有所动摇。

儒者的"入世—经世"思想行径,在当时曾遭到主张遁世的隐者的嘲笑。如荷蓧丈人斥责孔门师徒"四体不勤,五谷不分"⑥;石门的看门人(晨门)称孔子是"知其不可而为

---

① 《文史通义·经解中》。
② 《史记·论六家之要指》。
③ 《史记·孟子荀卿列传》。
④ 《论语·子路》。
⑤ 《史记·孔子世家》。
⑥ 《论语·微子》。

之者"①；楚国狂人接舆唱着风歌，劝孔子不要继续徒劳于政事，因为"今之从政者殆而"②；躬耕隐居的长沮、桀溺更要孔门师徒追随他们一同逃避乱世③。在言极简约、惜字如金的《论语》中，竟有五六处记载隐者批评儒者经世的地方，有些段落还特别长，足见与隐者的交往、论难，被孔门所注重。这正是春秋间隐者遍布国中，遁世思想影响不可小视的社会状况的反映，而儒家的"入世—经世"观念正是在与"遁世"思潮的论辩中得以阐扬的。

本来，孔子对于乱世中的隐者常常抱有同情，他曾把避世的人们称作"贤者"④，并特别夸赞伯夷、叔齐这些"逸民""不降其志，不辱其身"⑤，这与他"天下有道则见，无道则隐"⑥"邦有道，则仕；邦无道，则可卷而怀之"⑦的处世哲学相通。而且，在整个儒学体系中，"仕"与"隐"始终是互为补充的两个侧面。不过"致仕"毕竟是儒学的主流，

---

① 《论语·宪问》。
② 《论语·微子》。
③ 同上。
④ 《论语·宪问》："贤者辟（避）世，其次辟地，其次辟色，其次辟言。"
⑤ 《论语·微子》。
⑥ 《论语·泰伯》。
⑦ 《论语·卫灵公》。

"归隐"仅仅是辅助,儒者归隐也往往"心存魏阙",所谓"居庙堂之高,则忧其民;处江湖之远,则忧其君"①。就孔子言之,他虽然在遇挫时,偶有逃世之论②,但他的基本旨趣却是反对逃世的。他在听罢子路转述长沮、桀溺的避世说之后,很失望地说:

> 鸟兽不可与同群,吾非斯人之徒与而谁与?天下有道,丘不与易也。③

表明自己不愿像隐者那样消融于自然之中,与鸟兽为伍,他认定自己只能与人共事,积极参与世务。

孔门的另一高足子夏指出"仕而优则学,学而优则仕"④,把"学"与"行"、"学"与"仕",看作互为表里的二而一的事情。《说文》在解释"仕"义时,明确指出:"仕,学也。"章太炎(1869—1936)也说:"言仕者又与学同。"⑤总之,儒家承袭了元典道、学、治三者贯通一气的古风。清人程晋芳(1718—1784)说:

---

① 范仲淹:《岳阳楼记》,见《范文正公文集》。
② 如《论语·公冶长》载:"子曰:'道不行,乘桴浮于海,从我者其由与'?"
③《论语·微子》。
④《论语·子张》。
⑤《检论·订孔》。

>>> 孔子虽然在遇挫时，偶有逃世之论，但他的基本旨趣却是反对逃世的。
>>> 图为清代顾见龙《孔子出游图》。

> 夫古人为学,皆以自治其身心而以应天下国家之事,故处则为大儒,出则为大臣,未有剖事与心为二,剖学与行为二者也。①

龚自珍(1792—1841)则将这种风格概括为:

> 自周而上,一代之治,即一代之学也。一代之学,皆一代王者开之也。……道也,学也,治也。则一而已矣。有天下,更正朔,与天下相见,谓之王。佐王者,谓之宰。天下不可以口耳喻也,载之文字,谓之法。②

这种被后儒所崇奉的"古无经术、治术之分"③的仕学合一传统,正是孔子创设的儒学"入世—经世"风格的体现。"入世—经世"之风成为中国士子的主旋律,其优点和缺点都与此相联系,在某种意义上可以说:只有抓住"入世—经世"这一线索,才把握了中国人文传统的要义,把握了"伦理—政治"型的中国文化的真精神。

---

① 《正学论三》,见《皇朝经世文编》卷二,学术二。
② 《定盦文集》卷上《乙丙之际箸议第六》。
③ 王昶:《经义制事异同论》,见《皇朝经世文编》卷一。

第四章

一体两翼的"民本"与"尊君"

中国传统的宇宙论是围绕"天人之辨"展开的,讨论宇宙生成、终极关怀也不离人文精神。而其政治论的人文精神更加浓郁充沛,关于国体和政体的论述,是从伦理哲学引申出来的,即由"亲亲"导向"尊尊"、由"孝亲"导向"忠君",因而是一种"德治主义"的政治论。

就国体而言,东亚大陆出现国家后,经历了奴隶主专政、封建领主专政、地主专政等阶段,而其间封建领主专政向地主专政转变,发生在春秋、战国;就政体而言,中国先后出现过神权制、贵族制、君主制,而以君主制发展得最充分,历时也较长久(达两千年以上),同时,此前的贵族制时期,已经包含着君主制的成分。因此,君权一直是中国政治论的中心。正如日本学者津田左右吉(1873—1961)在《中国思想与日本》中所说:"中国文化具有非宗教倾向,它始终把人放在本位,确切地说,始终把帝王放在文化的中心。"由这个中心(体)而展开"君民之辨""君臣之辨",也即讨论统治者与被统治者的区别、联系和分工,阐发了"民本"和"尊君"这样两种相反而又相成的观念,它们共同构成中国古典政治学说以君权为本位的一体两翼。

第一节

君主政治之左翼：民本主义

中国古代政治论既以"君权"为本位,而君权又是在对民众实行统治的过程中体现出来的。君与民是对立的统一体,二者相与抗衡,又互为依存。中华古典正是从君民对立统一的视角讨论君民关系的,如《诗·大雅·泂酌》把指挥水利灌溉的君主尊之为"民之父母";《书·多方》则认定君主政治的要旨为爱民、享民、治民。然而,当元典深论君民关系,其重心也发生偏摆,向左翼发展,便成就了民本主义;向右翼发展,便成就了尊君主义,二者共同融会为"重民尊君"的政治论体系。

民本思想兴起于周代,成书于其时的《尚书》《诗经》,透现民本思想的处所,数不在少。《尚书》载周武王的一个崭新命题"天视自我民视,天听自我民听"[①],将"天意"归结为"民意",这是一个巨大的思想飞跃,与殷统治者无视

---

① 《书·泰誓》。

>>> 民本思想兴起于周代,成书于其时的《尚书》《诗经》,透现民本思想的处所,数不在少。

>>> 图为清代张师诚《豳风十二月图说·七月流火》。

民众意愿，一味借"天意"肆行无忌的横暴态度大相径庭。然而，西周统治者这种"保民"观念又是在"祈天"的前提下萌动的，所谓"不可不敬德……王其德之用，祈天永命"[1]。同时，在西周文献中也没有看到解放奴隶的记载，而买卖、赠与奴隶的事例，则在周金文中随处可见——只需提一提人们熟知的《智鼎铭》《矢令簋》《大盂鼎铭》即可，这说明奴隶制度在西周尚未发生根本性动摇。

尽管西周还没有全面解放奴隶，但西周毕竟是人文色彩浓厚的朝代，奠定了重民思想的根基。在这一意义上，周文王以及他的两个儿子武王和周公，是民本主义的创始人，发展这种民本主义的儒家崇拜"文武周公"，力主"从周"，其缘故也正在此。

《尚书》载有一些传之久远的富于民本思想意味的名句：

> 民可近，不可下。民惟邦本，本固邦宁。[2]

> 元首明哉，股肱良哉，庶事康哉！元首丛脞哉，股肱惰哉，万事堕哉！[3]

这都是在强调国家（邦）和统治者（元首）的命运与民

---

[1]《书·召诰》。
[2]《书·五子之歌》。
[3]《书·益稷》。

众紧密相连。有民众拥护，则统治稳固，否则便会堕毁。

春秋年间编辑成集的《诗》，也有力地显示了"民"的力量。《诗》中多有反映民众疾苦的悲愤之作。特别是《国风》中的《北门》《伐檀》《硕鼠》诸篇，写出劳苦大众的满腹怨愤，发出对统治者的严厉警告。这样的诗篇被采集，并被广为传播、援引，反映了春秋年间民众的呼声已被社会所注重。《诗》中还有这样的句式：

> 天生烝民，有物有则。
> 民之秉彝，好是懿德。①

肯定民众对规律的把握能力和趋向优良品德的天性，这应当说是从智力论和道德论角度承认民众的价值。

上述观念领域的新动向，是社会存在发生变化的一种反映。随着铁器发明于春秋，普及于战国，生产力突飞猛进，劳动者开始从笨重的生产过程中得到一定程度的解放，并在经济生活与社会政治生活中日益显示决定性的力量。统治者认识到，民众的生产劳动提供了君国存在的物质基础，"夫民之大事在农，上帝之粢盛于是乎出，民之蕃庶于是乎生，事之供给于是乎在，和协辑睦于是乎兴，财用蕃殖于是乎始"②。

---

① 《诗·大雅·烝民》。
② 《国语·周语上》。

>>> 尽管西周还没有全面解放奴隶，但西周毕竟人文色彩浓厚，并奠定了重民思想的根基。鉴于此，周文王以及他的两个儿子武王和周公，是民本主义的创始人。春秋年间编辑成集的《诗》，也有力地显示了"民"的力量。民是君的财富渊薮，失民君王便统治失据，这一道理已为统治阶层所认识。

>>> 图为宋代刘松年《渭水飞熊图》。

民是君的财富渊薮,失民君王便统治失据,这一道理已为统治阶层所认识。周景王铸大钱,以搜括民财,单襄公劝阻道:

> 绝民用以实王府,犹塞川原而为潢汙也,其竭也无日矣。若民离而财匮,灾至而备亡,王其若之何?①

楚灵王的臣子伍举也说过类似的话:

> 夫君国者,将民之与处,民实瘠矣,君安得肥?且夫私欲弘侈,则德义鲜少;德义不行,则迩者骚离,而远者距违。②

总之,统治阶层认识到,民众的向背,决定着政权的存亡,所谓"民弃其上,不亡何待"③?尤其是奴隶暴动、国人起义,有如火山爆发,使一些强大的封国毁于一旦。《春秋》便多处记载"民变""民溃"的事实,其影响所及,深深震撼列国统治者。他们发现,"政之所兴,在顺民心;政之所废,在逆民心"④。因此,亲民、利民成为统治者的必修功课。

---

① 《国语·周语下》。
② 《国语·楚语上》。
③ 《左传·昭公二十三年》。
④ 《管子·牧民》。

楚王有犯吴的打算，子西谏阻说：

> 吴光新得国，而亲其民，视民如子，辛苦同之，将用之也。①

晋士劳在劝诫晋侯时也说：

> 夫民，让事、乐和、爱亲、哀丧，而后可用也。②

要想"用民"，必先从物质利益和情感交流上取悦于民。以至一些贵族为了换取臣民的忠心和效力，不惜解放奴隶身份。如范宣子焚丹书、取消斐豹奴籍的故事便是突出的一例。③又如赵简子与郑国作战前誓师说：

> 克敌者，上大夫受县，下大夫受郡，士田十万，庶人工商遂，人臣隶圉免。④

赵简子除用论功行赏的办法鼓舞士大夫外，还以解脱枷锁的许诺激励庶民工商、人臣隶圉的战斗意志，其结果颇为奏效——"郑师大败"。可见，解除了人身依附的庶众能焕发出巨大的力量，而这力量恰恰被奴隶解放的赞助者——新

---

① 《左传·昭公三十年》。
② 《左传·庄公二十七年》。
③ 《左传·襄公二十三年》。
④ 《左传·哀公二年》。

兴地主所用。

民众的力量日益展现出来，并为新兴统治者所认识、所重视，他们开始注意倾听民众的呼声，在一定程度上满足民众的要求，并顺应民众的某些意愿去改善政治。因为只有如此，统治者才能维持并壮大自己的统治。

晚周的这种社会大转变，在思想领域里的表现，便是民本思潮的全面崛起。

纵观晚周诸典籍，也可以发现，民本思想在春秋、战国已形成一股声势浩大的潮流，诸子大都卷入。

老子思想的主流是自然主义，"法自然"[①]是老子认定的最高境界，但老子在政治论方面又力主以民为本位。众所周知，老子有浓厚的愚民思想，他认为"古之善为道者，非以明民，将以愚之。民之难治，以其智多"[②]。这种返古愚民的思想，是老子克服"文化悖论"的一种设计。与此同时，老子又是一位深切同情民众的哲人，他提出"爱民"的命题，主张以"无为"的办法"爱民治国"，并认为统治者应该以民众的意愿为自己的意愿——"圣人无常心，以百姓心为心。"[③]他谴责"以百姓为刍狗"的做法是"不仁"，严厉警告

---

① 《老子》第二十五章："王法地，地法天，天法道，道法自然。"
② 《老子》第六十五章。
③ 《老子》第四十九章。

>>> 老子思想的主流是自然主义,"法自然"是老子认定的最高境界,但老子在政治论方面又力主以民为本位,有浓厚的愚民思想。他又是一位深切同情民众的哲人,他提出"爱民"的命题,主张以"无为"的办法"爱民治国",并认为统治者应该以民众的意愿为自己的意愿。
>>> 图为明代佚名《老子出关图》(局部)。

统治者,"民不畏死,奈何以死惧之"①。他还揭露统治者的横征暴敛导致民众的饥困——"民之饥,以其上食税之多,是以饥。"②老子的出发点可能是复归质朴的上古,但上述言论确乎表明,这位深邃的哲人看到民众的苦难,也意识到民众的力量,并以为统治者万万不可攫其锋。他对统治者的告诫是"知雄守雌""知白守黑""知荣守辱""将欲废之,必固兴之;将欲夺之,必固与之"。这已大不同于殷商时统治者可以任意处理民众的生杀予夺的情形。老子的上述思想,是没落贵族采取的一种退守谋略,它正表明民众这一实体已被认识和重视。

儒家扬弃老子的自然无为思想,将民本主义发展得更为鲜明。孔子一方面主张保留"愚民"政策,认为"民可使由之,不可使知之",同时又发挥"爱民"思想,提出"节用而爱人,使民以时"③"修己以安人""修己以安百姓",其意均在劝告统治者节制自己,给民众以休养生息的机会。孔子理想中的"圣人",是"博施于民而能济众"的仁者。孔门所倡导的"仁政"说,以"裕民"为前提,希望统治者"因民之所利而利之"④,不可一味中饱私囊,因为"百姓足,君

---

① 《老子》第七十四章。
② 《老子》第七十五章。
③ 《论语·学而》。
④ 《论语·尧曰》。

孰与不足；百姓不足，君孰与足"①？这些都是孔门为治人者的长治久安设想的精密的统治办法。它们反映了这样一个事实——统治者已不能无视民众的利益；只有对民众的剥削适时、适度，才能获得永久可靠的权益。这是对西周德治主义的发挥。《论语》中还透露出这样一些信息：子路曾用"有民人焉，有社稷焉"来抵制学习周朝礼制，可见"民间学问"对孔门弟子已有相当吸引力。又如樊迟请求"学稼""学圃"，子贡"不受命而货殖焉"，虽然孔子对此很不满意，但"小人之事"已为青年一代所崇尚，却是难以阻挡的趋势。这些情形都活生生地说明春秋末年民众的地位大大上升，绝非西周所可比拟。

论及原始儒家的民本思想，有一关键问题必须讨论：倡导"民本"的思想家的立足点。在周代文献中常见两个彼此区分的词汇："人"和"民"。熊十力（1885—1968）指出：

> 古代所谓"民"者，即指天下劳苦众庶而言。"人"字多指统治者。②

日本学者松本光雄也认为，西周至春秋初，中国社会结构的基本单位是"邑"，支配者是"人"，被统治者是"民"。③赵

---

① 《论语·颜渊》。
② 熊十力：《原儒》。
③ 松本光雄：《中国古代的邑与民、人之关系》。

纪彬（1905—1982）在《论语新探》中更详细地阐发这一观点，认为截至春秋，"人"和"民"分别是统治者与被统治者的专称，《论语》中大体保留这种分野。据此说，可以得出如下结论：以"德治"为手段，以"保民"——保有对民众的所有权，为目标的民本思想，大体上是作为统治阶级的"人"的一种富于政治远见的思想，是着眼于"人"的万世基业的一种深谋远虑。孔子所创立的原始儒家，代表着治民者的根本利益，承认并关注民众的生存权，力图使"人"和"民"都能实现"老者安之，朋友信之，少者怀之"[1]。而达到这种"上下相安"的和谐境界，最好的办法是"德治"——"道之以德，齐之以礼，有耻且格。"[2] 孔子确乎为治民者构思了最上乘的统治办法，正如鲁迅所说：

> 孔夫子曾经计划过出色的治国的方法，但那都是为了治民众者，即权势者设想的办法，为民众本身的，却一点也没有。[3]

而这种为治民者的久远利益设计的思想，构成儒家民本主义的基本宗旨。

---

[1]《论语·公冶长》。
[2]《论语·为政》。
[3]《且介亭杂文二集·在现代中国的孔夫子》，见《鲁迅全集》第6卷，北京：人民文学出版社1993年，第318页。

至于代表"贱人"利益的墨家,则与儒家明显不同。墨家站在"农与工肆之人"的立场上,高喊出"民之三巨患"——"饥者不得食,寒者不得衣,劳者不得息",愤怒谴责"今王公大人"的腐化堕落,力主非乐、非命,节用、节葬。墨子(约前468—前376)苦口婆心地劝诱当政者向"农与工肆之人"开放政权,不要搞贵族专政,"不党父兄,不偏富贵"①,并希望统治者采取"役夫之道""与百姓均事业""共劳苦"。这当然是一种不切实际的幻想,但墨子是真诚的,他对自己的学说身体力行,勤俭自饬,胼手茧足,摩顶放踵,利天下以为之。墨子是我国从庶众产生出来的第一个大思想家,其思想的优长与缺失,正反映了那一时代庶众的认识水平。墨子及其学派在战国年间影响巨大,"从属弥众,弟子弥丰,充满天下"②,与儒学并称"世之显学"③。在墨子前后,战国年间下层民众登上政治舞台者屡见不鲜,如家奴出身的淳于髡、鄙家出身的子张、大盗出身的颜涿、大骐出身的子石、巨狡出身的素卢参,这些人都因某方面的特长而成为王公贵族的谋臣智士或武士侠客,受到优礼待遇。凡此种种,都表明晚周"贱人""役夫"的声势已相当浩大。

然而,最集中地反映晚周民本思想的作品,则是《左

---

① 《墨子·尚贤中》。
② 《吕氏春秋·当染》。
③ 《韩非子·显学》。

>>> 《左传》和《孟子》的作者则是由旧贵族转化而来的新兴地主的代言人,他们更鲜明地提出民本主义。这两部著作秉承春秋以来的"重民"思想,并改造和发展这一思想,使其实施办法更为具体,从而创立"民本主义"这个比较系统而完备的政治学说。

>>> 图为当代骆根兴、罗田喜《孟子论政》。

传》和《孟子》。这两部著作秉承春秋以来的"重民"思想，并从新的生活环境中汲取丰富的营养，改造和发展这一思想，使其宗旨更为明确，实施办法更为具体，从而创立"民本主义"这样一个比较系统而完备的政治学说。与《左传》并存的《春秋穀梁传》已提出"民者，君之本也"[①]的命题，较之《尚书》的"民为邦本"更进一步，标志着民本主义的正式脱颖而出。

如果说老子和孔子是走下坡路的贵族中的有识之士，他们看到了民众是不可一味压制的，统治者应当认真研究"何为则民服"[②]，由此而产生"重民"思想，墨子为劳苦庶众直接呼唤出自己的要求。那么，《左传》和《孟子》的作者则是由旧贵族转化而来的新兴地主的代言人，他们更鲜明地提出民本主义，承认民众的人格，并要求王侯们在社会政治生活中给民众以应有的地位。这些新观念的提出，当然不是出于《左传》《孟子》作者个人的善意，乃是由于新的生产力要求生产者在生产中表现出某种主动性，对劳动感兴趣。于是，地主就抛弃奴隶，抛弃这种对劳动不感兴趣、完全没有主动性的工作者，宁愿利用农民。因为农民有自己的经济、自己的生产工具，具有为耕种土地并从自己的收成中拿出部

---

① 《春秋穀梁传·桓公十四年》。

② 《论语·为政》。

>>> 孟子认为统治者得失天下决定于民心向背的思想,是一种远见卓识。稍晚于他的荀子也有类似思想。

>>> 图为当代佚名《荀子讲学图》。

分实物缴给地主所必需的某种劳动兴趣。而具有"自己的经济"的新的劳动者，当然也必须有自己相应的政治地位，应当受到统治者某种程度的尊重。站在新兴地主阶级立场上的《左传》《孟子》的作者们，正是从这一意义上生发民本主义，呼唤出"民为贵，社稷次之，君为轻"①一类名论的。

作为现实政治家的孟子，是迂阔而不得志的；但作为一位有历史眼光的思想家，他又是敏锐而深刻的。他认为统治者得失天下决定于民心向背的思想，是一种远见卓识。稍晚于孟子的荀子也有类似思想，他说：

> 君者舟也，庶人者水也。水则载舟，水则覆舟。②

孟、荀两家尽管多有歧见，但他们都发现民众的力量不可忽视。而这种器重民众力量和作用的见解，正是地主阶级处于上升时期产生的一种意识形态。它与殷、周以来盛行数百年之久的神权思想针锋相对，为击破旧制度的精神枷锁起了"批判的武器"的作用。而到战国中期，列国的君主专制制度基本确立以后，民本思想开始与尊君论发生矛盾，又彼此交织、互为表里，分别在不同层面上为两千余年的统治者所用。汉、唐建国初年的帝王在开创"文景之治""贞观之

---

① 《孟子·尽心下》。
② 《荀子·王制》。

>>> 汉、唐建国初年的帝王在开创"文景之治""贞观之治"的局面时,便记取了孟子"轻刑薄税""制民之产"一类训言。

>>> 图为当代任惠中《文景之治》。

治"的局面时,便记取了孟子"轻刑薄税""制民之产"一类训言。至于杜甫、白居易等现实主义诗人在挥写揭露社会弊端的诗篇时,除了现实生活的启示外,晚周民本思想的影响也是显而易见的。在杜甫"朱门酒肉臭,路有冻死骨"的名句里,不是可以发现《孟子》"庖有肥肉,厩有肥马,民有饥色,野有饿莩"[1]的余韵流风吗!

---

[1]《孟子·梁惠王上》。

第二节

君主政治之右翼：尊君主义

中国人文
大义

中国人文传统的君民之辨是以君为本位的,其向左翼伸展而为民本主义,向右翼伸展,则为尊君主义。两翼共属君主政治这一主体。

"君"为古代大夫以上据有土地的各级统治者的通称。许慎的《说文解字》云:

> 君,尊也。从尹;发号,故从口。

《仪礼·丧服》称:"君,至尊也。"郑玄注:"天子、诸侯及卿大夫有地者皆曰君。"《左传》则从"天"和"民"的相互关系中论述"君":

> 君,天也。①

> 天生民而立之君,使司牧之,勿使失性。②

---

① 《左传·宣公四年》。
② 《左传·襄公十四年》。

肯定了君是天选的民之主。君既为天选的据土临民者,故又含有社会组织者、领导者的意蕴:

> 君者何也?曰:"能群也。"能群也者何也?曰:"善生养人者也,善班治人者也,善显设人者也,善藩饰人者也。"①

与"君"近似的概念是"王",《说文》称:

> 王,天下所归往也。董仲舒曰:"古之造文者,三画而连其中谓之王。三者,天、地、人也;而参通之者也。"孔子曰:"一贯三为王。"

这是认为"王"是贯通天、地、人而统治天下的人。荀子说:

> 令行于诸夏之国谓之王。②

《战国策》说:

> 王,有天下也。③

---

① 《荀子·君道》。
② 《荀子·正论》。
③ 《战国策·秦策》。

综上所述,君王有"天选""领有天下""贯通天地人""令行四方"等属性,其尊严、高贵在人间是无可比拟的,在宇宙间仅在"天"之下,故称"天子"。《礼记》追述西周制度及称号时说:

> 凡自称:天子曰"予一人。"①

《尚书》载殷王盘庚的言论:

> 勉出乃力,听予一人之作猷。②(你们要付出全力,听我一人决断、指挥。)

再向上追溯,殷墟甲骨卜辞中,王多自称"余一人"。这种"余一人""予一人"的自称,正显示了王把自己与其他人对立起来,高高在上,处于绝对尊长的地位。这便是尊君主义的早期表征。

作为观念形态的尊君论,是君主专制制度这一社会存在的反映。而君主专制制度自殷、周已初步确立。当然,殷、周时是以宗法分封形态出现的君主专制,分封的诸侯既享土又临民,对中央君主有较大的独立性,从而在一定程度上限制了中央君主的权力,而呈现一种分权状态。不过,殷、周

---

① 《礼记·玉藻》。
② 《书·盘庚》。

君王在人间的至高无上地位已经是确立无疑的。殷商时,王已与上帝(天帝)相对应,称"下帝",不少殷王庙号加"帝",如纣王之父,庙号"帝乙"。商王还声称是上帝后裔,所谓"天命玄鸟,降而生商"①。周边各族都要臣服商王,《诗经》说:

> 昔有成汤,自彼氐羌,
> 莫敢不来享,莫敢不来王。②

王可用上帝名义征伐四方,"古帝命武汤,正域彼四方"③。这都是以神权论证君王的至尊地位。

从"君—民""君—臣"关系而言,殷、周时的君主已拥有无上的权威。《书·盘庚》所记载的殷王盘庚对"众""民"发布的训词,便充满"以尊临卑"的告诫和威胁,活现出专制君主的尊严和权力。周代更强调天子对臣民和土地的领有权。如果说,西周呈现天子一统天下的理想图景。那么,东周时诸侯分权,周天子尸位素餐,权力架空,而"君主"概念扩及诸侯甚至卿大夫,"君尊臣卑"意识非但没有淡化,反而愈益强化、具体化。《左传》《国语》一方

---

① 《诗·商颂·玄鸟》。
② 《诗·商颂·殷武》。"享",为祭祀而贡献。
③ 《诗·商颂·玄鸟》。

>>> 王可用上帝名义征伐四方,"古帝命武汤,正域彼四方"。这都是以神权论证君王的至尊地位。
>>> 图为清代陈书《成汤网解三面图》。

面多有强调"重民""民本"的言论,同时也大量出现"尊君"之议。例如:

> 事君不贰是谓臣,好恶不易是谓君。君君臣臣,是谓明训。①

> 竭力致死,无有二心,以尽臣礼。②

成书于战国而多载春秋事迹的《左传》还提出君主专制主义的若干重要命题,例如:

> 国不堪贰。③(君权应保持单一的、至高无上的地位,禁绝并行权力的存在。)

由君权单一至上出发,更竭力防范各种危及君权的势力发展。

> 并后、匹嫡、两政、耦国,乱之本也。④

> 内宠并后,外宠二政,嬖子配适,大都耦国,乱之

---
① 《国语·晋语四》。
② 《左传·成公三年》。
③ 《左传·隐公元年》。
④ 《左传·桓公十八年》。

本也。①

君异于器，不可以二。器二不匮，君二多难……②

再例如——

本大而末小。③（以君为本，臣为末。君的权力要大，臣的权力要小，不得造成尾大不掉的局面。）

"本大而末小"的结果是君权稳固，"是以民服事上而下无觊觎"④。

三例如——

唯器与名，不可以假人。⑤

那位提出过"社稷无常奉，君臣无常位"这一民本主义命题的晋国的史墨，同时又认为"是以为君慎器与名，不可以假人"⑥，建议君王万万不可将权力和反映权力的名分交给别人。

---

① 《左传·闵公二年》。
② 《左传·哀公六年》。
③ 同上。
④ 同上。
⑤ 《左传·成公二年》。
⑥ 《左传·昭公三十二年》。

此外《左传》还有"君命无贰"[①]"臣无二心,天之制也"[②]等尊君论命题,要求臣"死君命"[③],又提倡移孝为忠:

> 子之能仕,父教之忠,古之制也。[④]

综上所述,在民本主义充分发育的元典时代,尊君主义也在一并生长,甚至在同一部典籍、同一个思想家那里,这两大主义取"共生状态"。究其原因,这两种思想体系其实是从一个主体生发出来的——它们都是农业—宗法—专制社会的派生物。这种社会既需要民众(以农民为主体)安居乐业,从事生产和再生产,又需要在高度分散的小生产者组成的村落、城镇之上,有一个威权无限的专制帝王去统合政治、教化、军事、财政。于是,从农业—宗法—专制社会的主体伸展出民本论和尊君论这左右两翼,两翼齐飞,"官本位"便得以平稳翱翔,国泰民安——"文景之治""贞观之治"为其典范,如果一翼发生故障,君本位则有可能倾斜以致覆亡。而在中国历史上出现的主要问题,往往是尊君论压倒民本论,尊君论"在朝",民本论"在野"。

汉代以降的儒家大都力图综合"民本""尊君"两翼,

---

① 《左传·成公八年》。
② 《左传·庄公十四年》。
③ 《左传·文公十八年》。
④ 《左传·僖公二十三年》。

中国人文
大义

>>> 民本论和尊君论这左右两翼，两翼齐飞，"君本位"便得以平稳翱翔，国泰民安——"文景之治""贞观之治"为其典范。
>>> 图为当代孙景波、李丹、储芸声《贞观盛会》。

但尊君论色彩较先秦原始儒家更浓厚。董仲舒便赋予尊君论以神学色彩。他说：

> 天子受命于天，天下受命于天子。①
>
> 《春秋》之法，以人随君，以君随天。②

这里把君描述成天与人之间的媒介，君的职责是代天宣化，臣民则应当像顺从天那样顺从君。不过，董仲舒仍以"天"制约"君"，君权仍然不是无限制的。唐代韩愈进一步设计君、臣、民三者的社会使命：

> 是故君者，出令者也；臣者，行君之令，而致之民者也；民者，出粟米麻丝、作器皿、通货财，以事其上者也。君不出令，则失其所以为君；臣不行君之令而致之民，则失其所以为臣；民不出粟米麻丝、作器皿、通货财，以事其上，则诛。③

这是大倡"尊君抑民之说"。此后，"二程"、朱熹等宋代理学家以更富于思辨性的理论体系为"君权神圣"作论证，将"君为臣纲"归结为"天理"。但理学家以"帝师"

---

① 《春秋繁露·为人者天》。
② 《春秋繁露·玉杯》。
③ 韩愈：《原道》，见《韩昌黎集》。

>>> 韩愈以后,"二程"、朱熹等宋代理学家以更富于思辨性的理论体系为"君权神圣"作论证,将"君为臣纲"归结为"天理"。

>>> 图为元代的朱熹画像,白须者为朱熹。

自命，企图以"道"教君，故其尊君论也不是绝对的。

如果说，尊君论在先秦时代与民本论相互渗透、浑然一体；那么，自战国后期开始，特别是秦、汉以后，随着专制主义君主集权政治的愈益强化，尊君论与民本论相统合的势力虽然没有中止，但二者分道扬镳则是主要倾向。随着尊君论与民本论对立性的发展，尊君论自秦、汉以降，特别是明、清两代更发展为绝对君权主义，民本论日益受到尊君论的排斥与压抑。君本位的两翼失衡，已渐成大势，而处于"在野"地位的民本主义逐步演为君主专制政治的反对派。

第三节

"民本"与"尊君"的论战

如前所述，民本主义同尊君主义共存一体，当然有其同一性。但它们毕竟又是一体之左右两翼，其差别性和对立性也是显而易见的。这种差异和对立，在先秦时已有所展示。

《国语》《左传》在罗列"君命不贰""臣死君命"等尊君论命题的同时，又多处阐扬了"义高于君""殉道不殉君"的思想。《国语》载丕郑反驳荀息的一段话，便展现了先秦时代民本论与尊君论之间的抗衡。荀息说：

> 吾闻事君者，竭力以役事，不闻违命。君立臣从，何贰之有？①

这番言论同后来的韩非子、韩愈的极端尊君论别无二致。丕郑针锋相对驳斥道：

> 吾闻事君者，从其义，不阿其惑。惑则误民，民误

---

① 《国语·晋语一》。

>>> 荀息的这番言论同后来的韩非子、韩愈的极端尊君论别无二致。
>>> 图为清代任薰《韩愈祭鳄图》。

> 失德，是弃民也。民之有君，以治义也。义以生利，利以丰民，若之何其民之与处而弃之也？[1]

这就把"义"作为最高准则，君义，则从君；君不义，则不必阿君。因为义是有利于民的，违义即违民，违民之君，不必无条件追随。

《左传》载齐悼公的言论，强调君臣关系以道义为要，"义则进，否则退"[2]。这也是反对盲目的、无条件的尊君。

《左传》载孔子言论："鸟则择木，木岂能择鸟！"[3]而荀子将这番话更进一步发挥，把木比作君，把民比作鸟，概而言之：

> 君善，民则择之；不善，则弃之。[4]

这都是以"民本论"抑制"尊君论"的哲言。

《论语》有一段孔门师徒的对话，很值得玩味：

> 子路曰："桓公杀公子纠，召忽死之，管仲不死。"曰："未仁乎？"子曰："桓公九合诸侯，不以兵车，管仲

---

[1]《国语·晋语一》。
[2]《左传·哀公六年》。
[3]《左传·哀公十一年》。
[4]《荀子·富国》。

之力也。如其仁，如其仁。"①

召忽与管仲本是公子纠的门客，公子纠后被齐桓公逼至鲁国杀死，召忽杀身殉主，而管仲却转而投奔齐桓公做了卿相。子路显然对管仲颇有微词，而孔子却不这样看，认为管仲帮助桓公成就大业，这本身就是"仁"。孔子还申述道：

> 管仲相桓公，霸诸侯，一匡天下，民到于今受其赐。微管仲，吾其被发左衽矣。岂若匹夫匹妇之为谅也，自经于沟渎而莫之知也。②

这也是立足于民本论，而对盲从性的尊君论给予批评。

总之，民本主义从诞生之日起，即与尊君论有着彼此抗衡、相与论难的对立关系。这一层对立关系，有时经人调节而有所缓和，如汉初文帝君臣多有关于"民本"与"尊君"相统一的政论和实际措施；唐初太宗与魏徵（580—643）常就君民关系反复研讨，其要旨也在协调"民本"与"尊君"，而魏徵承继《荀子·王制》和《孔子家语》，发挥出如下千古名论：

---

① 《论语·宪问》。
② 同上。

中国人文
大义

>>> 召忽与管仲本是公子纠的门客,公子纠后被齐桓公逼至鲁国杀死,召忽杀身殉主,而管仲却转而投奔齐桓公做了卿相。

>>> 图为当代佚名《管仲相齐》。

中国人文
大义

> 怨不在大,可畏唯人;载舟覆舟,所宜深慎。①

唐太宗接受这一告诫,以"民本"制约"尊君",造就了"贞观之治"这一君主政治的成功典范。

"民本"与"尊君"的对立关系在唐、宋以降,总趋势是愈益加剧。这是专制主义君主集权政治在唐、宋、元、明、清诸代愈演愈烈的反映。绝对君权主义在明代更达到登峰造极的程度。明太祖朱元璋(1328—1398)为了"收天下之权以归一人"②,废除沿袭一千多年的丞相制和沿袭七百多年的三省制,将相权并入君权;撤销行省,设立分别直接受制朝廷的"三司"(布政使司、按察使司、都指挥使司);废大都督府,分设五军都督府,同兵部分掌军权;此外,还有"不衷古制"的廷杖和锦衣卫的设立。这一切,将君权扩展到极点。诚如黑格尔在谈及中国专制国家"实体"时所指出:"'实体'简直只是一个人——皇帝——他的法律造成一切的意见。"③这样的专制帝王对于元典中的民本思想

---

① 魏徵:《谏太宗十思疏》。其思想前导,一为《荀子·王制》;二为《孔子家语》:"孔子曰:'夫君者舟也,人者水也。水可载舟,亦可覆舟。君以此思危,则可知也。'"

② 王世贞:《弇州史料》卷十一。

③《历史哲学·东方世界·中国》,北京:生活·读书·新知三联书店1956年,第165页。

>>> 朱元璋这样的专制帝王对于民本思想自然是十分忌恨的,他甚至将孟子逐出孔庙。
>>> 图为明代佚名《明太祖坐像》。

自然是十分忌恨的，朱元璋甚至将孟子逐出孔庙，洪武五年（1372）"罢孟子配享"[1]。他对于《孟子》中"君之视臣如土芥，则臣之视君如寇雠"，以及诛桀、纣为诛独夫等语极为恼火，认为这些话"非臣子所宜言"，遂于洪武二十七年（1394）令人将《孟子》删去三分之一，共八十五条，并决定"自今八十五条之内，课试不以命题，科举不以取士"[2]。朱元璋还怒气冲冲地说："使此老（指孟子——引者）在今日，宁得免耶？"[3] 看来，如果孟子生当明朝，难免于太祖的刀锯之刑了。这就鲜明展示了极端君权主义与民本主义的对垒。

历史的辩证法昭示：当事物发展到极端，其对立物必然应运而起。《明夷待访录》正是君主专制制度走到登峰造极地步的对应产物。明、清之际哲人黄宗羲"有鉴于明季秕政"[4]，从人文思想武库里，寻觅出民本主义这一投枪，又加以改造，用以向极端尊君论发起猛烈的进攻。

据清人陈衍《自订年谱》载，光绪末年，清廷曾就黄宗羲、顾炎武、王夫之三人能否入文庙从祀一事展开辩论，有人"以三儒颇言民权"，反对将其从祀，张之洞则"疏孟子

---

[1] 见《明史》卷五十《礼志》四。
[2] 黄佐：《南雍志》卷一八。
[3] 全祖望：《鲒崎亭集》。
[4] 周寿昌：《思益堂日札》卷五。

>>> 黄宗羲从人文思想武库里,寻觅出民本主义这一投枪,加以改造,向极端尊君论发起进攻。
>>> 图为明代佚名《黄宗羲像》。

言民权者数条,曰诸君亦将孟子摈出文庙乎"[1]！可见,当民本思想发挥到极致,将引起统治阶层的忌恨,但也能得到统治阶层中深谋远虑者(如张之洞)的容纳,这也说明民本思想毕竟是宗法专制社会的体制内思想。

---

[1]《国史旧闻》第3册,北京:中华书局1980年,第510页。

第五章

"敬祖"与"重史"

在中国文化系统中,其本根性不亚于"尊天"观念,而与人文传统密切相连的,是"敬祖"意识,以及由此推演出来的"重史"传统。尊天、法祖,尚人文、重史乘,构成中国文化精神的主动脉,显示了中国传统意识的基本特征。

第一节

历史在各民族文化系统中的不同地位

与中国文化系统形成鲜明比照,印度文化系统虽然有着极富想象力的神灵崇拜,却少有祖先崇拜,反映到社会生活中,便是孝亲敬祖观念的不发达。古印度法律规定,必须敬重宗教长老,如《摩奴法典》说:

> 谦恭礼侍长老者都将大大增强他的四"法"——长寿、学识、安乐与力量。

但印度法律却缺乏关于侍奉父母和崇敬祖先的具体规定,同中国礼法强调"尊祖""奉先"大相径庭。与忽略敬事祖先相关联,印度元典精神追求的是永恒的普遍法则,如"梵天""佛性"等,而对于具体历史事实的记述和历史经验的总结则相当漠然。正如奥登博格在《源出印度》一书中所指出的:

> 对印度人来说,历史不是一门真正的学问。一般来

讲,他们脑海中的学问是指导人们的行为适合规范体系的技术。

印度古代典籍甚众,而史书却不多。在这些为数较少的史书中,包括被认为最详尽可靠的历史著作《大史》、克什米尔王朝的编年史《王统谱》,都掺杂着大量夸张的、神奇的传说,文字华美而史实不确。总之,在印度人那里,时间、地点、事件的错讹并未被当作问题,反之,记诵《吠陀》圣典稍有差误,则被看成严重过失。正因为如此,印度一直没有形成统一的记载历史的体系,出现过二十种以上的划分历史时期的方法,史学著作往往与神异的传统、绚烂的诗篇相混淆。可见,印度的民族精神确乎寄寓在史学价值之外的诸因素(如宗教、艺术)之中。

希伯来元典系统法祖重史传统也未能获得充分发展,其唯一神——耶和华上帝并不是祖先神,《圣经》的主旨也不是祖先崇拜。《圣经》虽然创立了直进史观,却并没有提供一部理性化的、以具体历史事实为依据的史学线索。《圣经》所述的犹太史曾在欧洲中世纪当作经典史学被崇奉和研习,但那毕竟不是真实的历史。固然不否认《圣经》在象征、比拟意义上所具有的史学价值,然而,只有在依据其他历史文献和考古材料的基础上,《圣经》提供的象征性"史影"才能作为恢复真实犹太史的一个参校性材料使用。

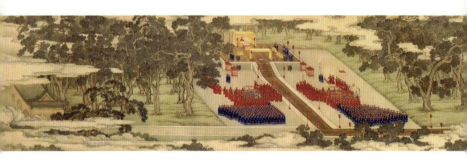

>>> 印度元典对于具体历史事实的记述和历史经验的总结则相当漠然,希伯来元典系统法祖、重史传统也未能获得充分发展……惟有中国,重史传统强劲而不可阻遏,这归因于中国"孝亲敬祖""慎终追远"的民族性格,以及力图从先例中发现生活规则的社会心理。
>>> 图为清代郎世宁《雍正皇帝祭先农坛图》。

希腊的历史意识比较浓厚。古希腊神话说,众神之父宙斯与记忆女神谟涅摩辛结合,生下九位文艺女神缪斯,其居首的便是司勇士之歌的女神克丽奥,她的标志为一卷纸草或羊皮纸,寓"记载"之意。到了元典创生期(前6世纪至前4世纪),克丽奥被确立为司历史的女神,逐渐成为西方作家笔下"历史"或"历史学"的代名词。正是在克丽奥被认作司历史女神的时期,希腊人摆脱神话史观的束缚,以理性眼光看待历史,产生了希罗多德(前484—前428)记述希波战争的《历史》、修昔底德(约前455—约前399)记述伯罗奔尼撒战争的《伯罗奔尼撒战争史》、色诺芬(前434—前

355)记述曼提亚战争的《希腊史》及记述色诺芬本人军事经历的《远征记》等卓越的史著。古希腊人重视史学,一是为了"保存功业",二是为了"垂训后世"。希罗多德申明,著史"是为了保存人类的功业,使之不致由于年深日久而被人们遗忘",并把历史事件的因由记载下来,"以永垂后世",给后人评判美丑善恶的道德教训。而要完成这两项使命,史著应力求"真实""客观"、秉笔直书。希腊"求真""垂训"的史学传统在罗马时期得到发展,然而,到了中世纪,随着古典文化的式微,希腊的历史精神也遭横厄,而代之以"上帝"的史学,即基督教神学解释的历史,以《圣经》的神话传说与历史相糅合,出现"神圣"的历史与"世俗"的历史相并列的史书。由神学家奥古斯丁(354—430)开其端,历史被描述成"天上王国"与"地上王国"斗争的历史,这便是所谓"双城史"。直至文艺复兴以后,尤其是18世纪启蒙运动以后,西方史学才"重新回到希罗多德",恢复其人文主义史学传统。

可见,"鉴往知来"的史学并没有被诸文化系统所共同注重。在印度与希伯来,历史理念被宗教情怀所掩盖;在希腊,历史意识一度勃兴,却又未能一以贯之地保持下去;唯有中国,重史传统强劲而不可阻遏,在几千年间浩荡前行,这归因于中国"孝亲敬祖""慎终追远"的民族性格,以及力图从先例中发现生活规则的社会心理。这种民族性格和社会心理因其植根于相对稳定的农业——宗法社会的土壤之中,更增进了坚韧性和延续力,所谓"人道亲亲也,亲亲故尊祖,尊祖故敬宗,敬宗故收族"[①]。"尊祖"是"人道亲亲"的宗法社会派生的意识,这种意识又成为"敬宗""收族",也即强化宗法制度的工具。

[①]《礼记·大传》。

第二节

法祖、生殖崇拜、孝道

在中国文化系统里,作为"合族之道"的基本观念是"尊天"与"法祖"。所谓"万物本乎天,人本乎祖"[①];"天地者,生之本也;先祖者,类之本也;君师者,治之本也。无天地,恶生?无先祖,恶出?无君师,恶治?"[②]

敬祖、法祖是殷商即已确立的一种传统。据统计,殷墟甲骨卜辞中关于祭祀祖先的多达一万五千多条,其中关于上甲的一千一百多条、成汤的八百多条、祖乙的九百多条、武丁的六百多条。可见,敬奉先公、先王,是商人的第一等要务。进入周代,敬祖意识更趋强化,而且有所变异。在殷商,对男性祖先崇拜固然已占优势,但祭典中先妣(即殷先王的配偶)的地位仍相当显赫,殷墟卜辞中多见"中母""少母""多妣""多母"字样。而在宗法制度进一步确

---

① 《礼记·郊特牲》。
② 《荀子·礼论》。

在中国文化系统里,作为"合族之道"的基本观念是"尊天"与"法祖"。
图为清代佚名《李氏祖先群像》。

立的周代,对祖先神灵的尊崇只限于男性先祖。

法祖观念的原型是生殖崇拜,这是人类最古老的崇拜之一——对生命源泉的崇拜。《周易》在论及人类起源、万物化生以及文明发端时,每以两性交媾比附之,其《乾卦》的《象传》有"云行雨施,品物流形"之谓。

《诗经》也多以"云雨"比喻性爱,《礼记》则称"天地合而后万物兴焉"[①]。这都是早期的生殖崇拜给两周时期创作元典人们的启示。

应当一提的是,在盛行祖先崇拜的殷、周,论及"帝"或"上帝"的不亚于"祖",而"帝"与"祖"基本上是近义的。在甲骨文中,"帝"字是花蒂的象形,"帝"即"蒂",指果实的发生处,用以象征种族的本根,与"祖"以男根象征种族的本根相似,不过前者以植物器官象征之,后者以动物(人)器官象征之。故对"帝"的崇拜实际上也就是对"祖"的崇拜,可见当时的天帝崇拜与祖先崇拜大体是同一的。

从元典创生期盛行的祀天祭祖的内涵可以清楚看出,由生殖崇拜演化而来的祖先崇拜,在其宗教形态的背后更多地蕴藏着富于人文意味的"反古复始"观念。《礼记·祭义》说:

---

① 《礼记·郊特牲》,

> 天下之礼，致反始也。……致反始，以厚其本也。

这种"反古复始"，对于本宗族即是血统上的追念祖先，同时也进而扩展为对宗族历史以至国家历史的记忆、怀念和延续的决心，《诗经·大雅》里的《生民》《公刘》《緜》《皇矣》《大明》诸篇，便是通过对周人祖先（后稷、公刘、太王、王季、文武、武王）的追念赞美，叙述并歌咏周族创业开国的历史。如《生民》对后稷"蓺之荏菽，荏菽旆旆"的稼穑之功的歌颂；《公刘》对公刘"干戈戚扬""于京斯依"的武功及迁徙的铭记；《緜》关于古公亶公率周民由豳迁岐，使周道兴盛的描写（"率西水浒，至于岐下"）；《皇矣》对古公亶父至文王征服敌国，"王此大邦"业绩的陈述；《大明》对武王"牧野洋洋，檀车煌煌"的灭殷壮举的重彩描摹，构成一幅"肆伐大商"的宏伟历史画卷。这些诗篇都堪称"史诗"或"诗史"。"追祖"与"述史"在这里融为一体。

由敬祖观念推演出的一个重要伦理范畴是"孝"，所谓"修宗庙，敬祀事，教民追孝也"①。甲骨文中"孝"字仅一见，且用于地名，可见殷代"孝"的观念尚未发育。而周金文及《尚书·周书》《诗经》《国语》中多有论"孝"之处，而且往往与神灵及祖先崇拜、祭祀相联系。

《诗经》《尚书》论孝时，常常提到子女报答父母生养

---

① 《礼记·坊记》。

>>> 由敬祖观念推演出的一个重要伦理范畴是"孝",所谓"修宗庙,敬祀事,教民追孝也"。
>>> 图为明代王节《汉文帝亲侍母病》。

之恩这一层意思,这种"追孝于前"的意识,必然导致重传统、重历史。孔子发挥孝道维系传统的特殊含义说:

> 三年无改于父之道,可谓孝矣。①

不轻易改变前辈的行为准则便是"孝",足见孝的精义在于强化历史的线性延续。这与孔子的"信而好古"②说是一脉相通的,而所谓"好古"便是求知于历史。孔子否认自己的知识是与生俱来的,并且毫不含糊地指出,知识从历史经验中求得,"我非生而知之者!好古,敏以求之者也"③。"古"字在甲骨文、金文上均作古,《说文》释为"古,故也。从十口,识前言者也"。"古"可以理解为历史,是知识和智慧的源泉。"好古"必然走向"重史"。司马迁说,孔子有感于"周室微,而礼乐废,诗书缺",决心"追迹三代之礼,序《书传》"④。这里且不深论《周礼》及《书传》是否孔子所作,但说孔子怀着"续亡继绝"之念去"追迹三代",都切合先秦哲人的心态,如老子也讲"执古之道,以御今之有"⑤,充溢着"续亡继绝""执古御今"的历史意识。

---

① 《论语·学而》。

② 《论语·述而》。

③ 同上。

④ 《史记·孔子世家》。

⑤ 《老子》第十四章。

第三节

"古训是式"与历史的前瞻性

中国的重史传统表现为对"古训"的崇尚。《尚书·盘庚》载,商王盘庚在对民众训话时,为强化自己言辞的权威,一再说"古我先王""古我先后""古我前后",都是以先祖的训诫为颠扑不破的最高指示。《诗经·大雅·烝民》在赞颂周代贤大臣仲山甫时,特别肯定了他的"古训是式"(遵循古训无差错)和"缵戎祖考"(祖先事业你继承)。这种对"古训"的崇尚,也即对传统的极端尊重,是一种氏族社会的遗风。氏族制度的血缘宗族关系和狭窄生活范围使人们以传统规则为圭臬,思想与行为必须在古典那里求得指导和检验。中华先民在跨入文明门槛以后,血缘纽带未曾崩解,宗法式社会得以长期延续,恪守"古训"也就成为中国的一种历史惯性。政治上尊崇"正统",思想学术上讲究"道统",文学上推尊"文统",艺术和手工业技艺上则追求"家法""师法",这都是"古训是式"传统的表现。连佛教在传入中国以后,也逐渐接受这种思维范式,中国化的佛教宗派禅宗便以"古教照心"作为基本态度。①

当然,有着明显的非宗教和现世化倾向的中国文化,从其元典开始,在奉行"古训是式"的原则时,并不是从神秘主义和宗教虔诚的角度对待"古训"(即历史)的,而是从一种现世化的、人文色彩浓厚的观念出发,把历史视作现实的借鉴,所谓"殷鉴不远,在夏后之世"②,认为夏代的灭亡可作为殷代的鉴戒。《尚书·周书》中反复提到以夏、殷的亡国为鉴,召公引述周公的话告诫年轻的成王说:

> 我不可不监(鉴)于有夏,亦不可不监(鉴)于有殷。③

作为中华元典的《诗》《书》,开创了"章往所以察来"的"历史—现实—未来"一以贯通的思路,孔子对此加以阐发:

> 殷因于夏礼,所损益可知也;周因于殷礼,所损益可知也。其或继周者,虽百世可知也。④

---

① 见《百丈清规》卷六。
②《诗·大雅·荡》。
③《书·召诰》。
④《论语·为政》。

中国人文
大义

>>>《尚书·周书》中反复提到以夏、殷的亡国为鉴,召公引述周公的话告诫年轻的成王说:"我不可不监于有夏,亦不可不监于有殷。"
>>> 图为明代仇英《帝王道统万年图·周成王》。

这里是把夏、殷作为"过去"的代称,周作为"现在"的代称,百世作为"未来"的代称,而现在是对过去的"损益"(减少,增加),未来则是对现在的"损益",因此,知道了过去与现在,便有了预知未来的依据。这种"鉴往知来"的故事,先秦便所在多有。

如西周末年,幽王乱政,诸侯多叛,深感不安的郑桓公便向史官太史伯询问建国的地点。

太史伯根据已有的历史知识,断言"独雒之东土,河济之南可居"。

郑桓公又问:"周衰,何国兴者?"

太史伯明确指出:"齐、秦、晋、楚乎!"[1]

太史伯以周代王室与各诸侯力量消长的历史趋向为据,认为齐、秦、晋、楚将相继称雄,而这些预测与后来的春秋史大体吻合,足见史学"章往察来"的准确性。这是与当时盛行的神秘主义的"卜筮预测"相并行的另一条预测路子,可以称之"鉴史预测"。

元典的"古训是式",是一种"向后看"的思维方式。在这里,知识学问不是自由思索和创造性考虑的产物,而是从古训中求得的,是古训教导的结果。这是中华元典精神保守性的表现。诚如近人严复在比较中西文化时所说:

---

[1]《史记·郑世家》。

> 中之言曰，今不若古，世日退也；西之言曰，古不及今，世日进也。唯中之以世为日退，故事必循故，而常以愆忘为忧。唯西之以世为日进，故必变其已陈，而日以改良为虑。①

这里所称"事必循故""常以愆忘为忧"，正道出了中国文化"向后看"的特性。

当然，"古训是式""事必循故"又并非没有前瞻性。中国史学的前瞻性表现在"章往以知来"，前述太史伯告诫郑桓公的一番话，便证明着在史典的"向后看"之中，包藏着"朝前看"的因子。历史昭示着将来，知殷、周者，百世可知。从这一意义言之，"古训是式"不能视作绝对保守消极的思维范式，其间也潜藏着积极进取的势头。而强调历史的借鉴作用，便包含着发扬历史的前瞻性的可能。一些有创意的后来人正是在以史为鉴上做文章，如南朝刘勰（约465—约532）便对历史的现实教化作用进行了系统阐述，并将"殷鉴"提升为"历史的镜子"这一普遍性概念，认为史学的目的在于"表征盛衰，殷鉴兴废"②。此类观念代有申述者，所谓"以古为鉴，可知兴替"③，所谓"见出以知入，观往以

---

① 《严复集》第1册，北京：中华书局1986年，第117页。
② 《文心雕龙·史传篇》。
③ 《贞观政要》。

知来"①，都是讲的这个道理。

应当一提的是，元典创生期的哲人虽然大都有"尚古"倾向，然而，他们的"古训是式"并不等于一概盲从古代遗产。以"言必称尧舜"的孟子为例，他就没有无条件地接受历史记载，而是对历史记载采取理性的分析态度。孟子在论及最有权威性的古文献汇编——《尚书》时，说过这样的话：

> 尽信《书》，则不如无《书》。吾于《武成》，取二三策而已矣。仁人无敌于天下，以至仁伐至不仁，而何其血之流杵也？②

孟子从"仁政"思想出发，认为周武王率仁义之师讨伐不仁不义的殷纣王，怎么会像《书》的《武成》所记述的那样杀人到了"血流漂杵"的程度呢！由此，孟子提出了不可全信历史记载的著名论断——"尽信《书》，则不如无《书》"。孟子又说：

> 故说《诗》者，不以文害辞，不以辞害志。以意逆志，是为得之。如以辞而已矣，《云汉》之诗曰："周余

---

① 《列子·说符》。
② 《孟子·尽心下》。

>>> 周武王率仁义之师讨伐不仁不义的殷纣王，怎么会像《书》的《武成》所记述的那样杀人到了"血流漂杵"的程度呢？

>>> 图为当代李岩《牧野之战》。

黎民,靡有孑遗。"信斯言也,是周无遗民也。①

意谓:解说《诗》的人,不要拘于文字而误解词句,也不要拘于词句而误解原意。用自己切身的体会去推测作者本意,这就对了。假如拘于词句,那《云汉》说过,"周朝剩余的百姓,没有一个存留"。相信了这句话,那么周朝便没有存留一个人了。——这难道讲得通吗?可见,最崇信《诗》《书》的孟子也没有无条件遵从《诗》《书》的记述,而是用常识和理智加以分析,不合理的记述断然抛弃之。

中国史学的人文性确立甚早,这一点法国启蒙大师伏尔泰特别叹服。他辛辣讽刺基督教神学统治下的欧洲史学充满神异性面容,而中国的编年史,"几乎没有丝毫的虚构和奇谈怪论,绝无埃及人和希腊人那种自称受到神的启示的上帝的代言人;中国人的历史一开始就写得合乎理性"②。

因人文精神强大而特别重视史学,史学中又贯穿着中国式的人文精神。

这便是中国人文传统的又一显著表征。

---

① 《孟子·万章上》。
② 伏尔泰:《风俗论》,见《伏尔泰文集》第7卷,吴模信、沈怀洁、梁守锵译,北京:商务印书馆2019年,第682页。

第六章

文化人薪火相传

人文传统是全民的共同创造,社会各阶层都对文化大厦的建树有所贡献,然而,以制作和传播文化为专职的"文化人",或曰"知识阶层"更发挥着使文化得以升华和延传的特殊作用。

　　同中国人文进程表里相依的中国文化人,大约经历了三种发展形态,这便是——巫史阶段、士人阶级和知识分子阶段。

第一节

从"巫觋"到"巫史"

世界各地最先涌现的专职文化人,几乎都是宗教职业者,如埃及的祭司、印度的比丘即属此类。在中国,三代以前的传说时代,原始宗教孕育出中国文化人的前身——巫觋。

宗教作为一种特殊的社会意识形态,是对自然和社会的曲折反映,并与人们的终极关怀密切相连。而蒙昧及野蛮时代产生的原始宗教,在人与自然间起协调作用,在本能与文化间起联络作用,在人的精神需要中起主观自足作用,故原始宗教曾经是原始时代的主流文化。

原始宗教在发展过程中逐步形成一些以谋求控制自然力为目标的仪式,这便是巫术。巫术有祈求式、比拟式、接触式、诅咒式、录符式、占卜式等。从事巫术和主持祭祀起初并无专门人选,往往由氏族首领临时担任。以后渐渐出现职业祭司和巫师,他们自称可以通神,上达民意,下传神旨,预卜吉凶,治病救人。《尚书·周书·吕刑》载有上帝"命重黎绝做通"的故事,《国语·楚语下》对这一故事的含义作了解释：颛顼时,九黎乱德,人人通神,"民神同位",颛顼命令南正重"司天以属神",火正黎"司地以属民",这样,天与地、神与民便截然分开,即所谓"绝地天通",于是民众不再直接与天神交通,王也不兼司神职,而由巫专门负责沟通天地、人神。这种宗教职业者,"在男曰觋,在女曰巫"[①],他们既以非理性的迷信为务,又是初民文化——音乐舞蹈、天文历法、医药学的保存者,其职司大略有五：祝史、预卜、医、占梦、舞雩,从而成为知识分子的前驱。

金属品的使用和文字的发展,使人类超越采集现成天然产物为主的蒙昧时代（旧石器时代）和学会经营农业与畜牧业的野蛮时代（新石器时代）,迈入对天然产物进一步加工的文明时代（青铜及铁器时代）。东亚大陆文明初兴,大约发生在距今四千年的夏朝,而距今三千六百年至三千年的商朝则正式跨入文明门槛,尤其是公元前14世纪商王盘庚迁殷,结束了以往"不常厥邑"的迁徙游农生活。殷都遗留下的城市基址、带字甲骨和大量青铜器,提供了一个完整的早期文明社会范本。代殷而立的西周（公元前1046—前771）则发展了这一早期文明。

中华先民跨入文明门槛以后的一个相当长的时期,也即

---

① 《国语·楚语下》。

中国人文
大义

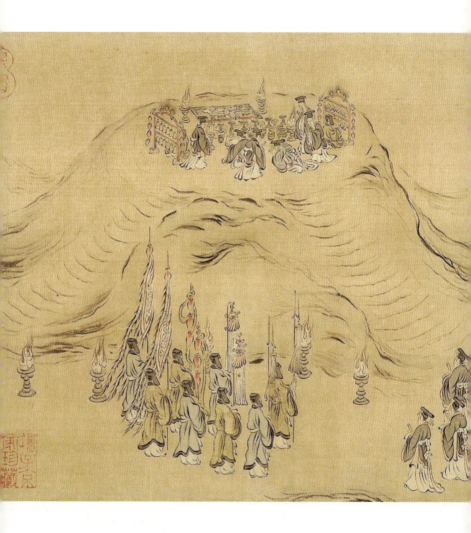

>>> 天与地、神与民便截然分开，于是民众不再直接与天神交通，王也不兼司神职，而由巫专门负责沟通天地、人神。

>>> 图为宋代马和之《诗经·周颂·清庙之什图·昊天有成命》（局部）。

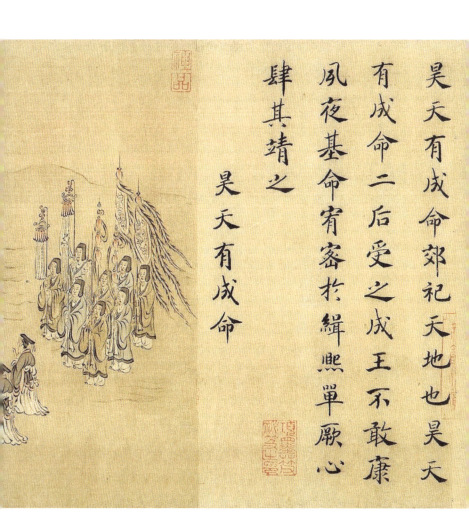

昊天有成命郊祀天地也昊天
有成命二后受之成王不敢康
夙夜基命宥密於緝熙單厥心
肆其靖之 昊天有成命

商代和西周，文化由国家也即王室控制，这便是所谓的"学在官府"，典籍文献以及天文历法、医药学、历史、预卜学等专门知识均藏于王室。由巫、史、祝、卜等专门文化官员世袭掌管，秘不示众，外人无法染指。

巫在甲骨文中写成✚，为两 I 相交。I 就是矩，即古代科技工作者常用的测量工具，《周髀算经》说"环矩以为圆，合矩以为方"；又说"方属地，圆属天，天圆地方……是故知地者智，知天者圣"。使用矩的巫，就是知天、知地的智者和圣者，是当时的职业文化匠师。如殷商名医巫咸便是一位大巫，传说他发明占筮，其"筮法"奠定了易占的基础。

史，商代始设，原为驻守在外的武官，后来成为王左右掌管祭祀和记事的官员。周公说"惟殷先人，有册有典"[①]，殷人的典册便出自史的手笔。商代的史有多种名称，甲骨文作"大史""小史""西史""东史""作册"。西周的史有"太史""内史""左史""右史"之别——太史掌管起草文书，记载史事，编写史书，兼管国家典籍、天文历法、祭祀等；左史记事，右史记言。史与巫往往一身二任，故后世并称"巫史"。史常在王左右，除记录外，也可发表意见，提供建议。总之，史的职守是"掌官书以赞治"[②]，是典型的文化官员。

---

①《尚书·多士》。
②《周礼·天官》。

祝——商、周两代王室都有祝人，负责祭礼时致告鬼神之词，所谓"祝，祭主赞词者"[①]。甲骨卜辞中多有关于祝人活动于商王之左右的记载。《周礼·春官》有"大祝""小祝"的官职，说明周代仍有祝官。

卜为专掌占卜的官员。占卜最早见于龙山文化，二里头文化占卜已较普遍，而商代则是占卜的极盛时期。商王及贵族无日不卜，诸如祭祀、年成、征伐、天气、祸福、田狩、疾病、生育，无事不卜。占卜活动由卜官主持，甲骨文中称其为"卜"或"贞人"。贞卜不仅是预测学专家，而且是甲骨文的缮写者和推广应用者。

巫、史、祝、卜是第一批较正式的文化人，他们从事卜筮、祭祀、书史、星历、教育、医药等多种文化活动，并参与政治活动。可以从甲骨文、金文和各种先秦典籍中，见到他们席不暇暖的忙碌身影。他们对中国文化的早期发展有着特殊贡献。

[①] 许慎：《说文解字·示（礻）部》。

第二节

"士"的崛起

殷商、西周是官学时代，文化教育与平民无缘，即所谓"礼之专及"。这种"学在官府"的文化政策，与同时实行的"土地国有"和"宗法制度"相互为用，掌握天下土地，身为天下"大宗"的天子，同时也是观念世界的主持者，深居王室、公室以执掌文化的巫史是其附庸。

时至东周，天子的权威在夷狄交侵、诸侯争霸过程中大为衰减；而社会生产力的进步，推动土地国有（王有）向土地私有转化；此外，兼并战争使人才问题突显出来，各级统治者不得不在宗法制的"亲亲"之外，同时实行"贤贤"。这一切都逐步动摇着西周官学的根基。进入春秋末年，随着周天子"共主"地位的进一步丧失和一些公室的衰落，边鄙之地的文化繁荣起来，身为夷人的郯子到礼仪之邦鲁国来大讲礼乐，使鲁人自愧不如，所以后来孔子感叹道："天子失官，学在四夷。"① 与此同时，传统的"国学"和"乡学"有

---

① 《左传·昭公十七年》。

>>> 身为夷人的郯子到礼仪之邦鲁国来大讲礼乐,使鲁人自愧不如。
>>> 图为元代王振鹏《二十四孝图·剡子鹿乳奉亲》。

倒闭之势，文化发达的郑国甚至有人公然提出"毁乡校"之议。

皮之不存，毛将焉附。王室及一些公室的衰败，国学及乡学的难以为继，使得世守专职的宫廷文化官员纷纷出走。《论语》说：

> 大师挚适齐，亚饭干适楚，三饭缭适蔡，四饭缺适秦。鼓方叔入于河，播鼗武入于汉，少师阳、击磬襄入于海。①

这段话描绘出春秋末期的一幅王室乐队四散图，由此可以推见当年王纲解纽、学术下移的普遍情形。

王室文化官员下移列国、混迹民间，造成的影响十分深远，最直接的便是学术授受从官府转向私门，所谓"官失而师儒传之"②。春秋末年，私立学门者不乏其人，如周守藏史老子"见周之衰，乃遂去"③，私自著书兴学；又如鲁国乐师师襄、夷人郯子、郑国的邓析（公元前545—前501），以及苌弘、王骀等，也都收徒讲学。而创私学、兴教育最有成绩的是孔子，相传他"以诗、书、礼、乐教，弟子盖三千焉，

---

① 《论语·微子》。
② 汪中：《述学·周官征文》。
③ 《史记·老子韩非列传》。

身通'六艺'者七十有二人"①。私学勃兴,"知识产权"也就非王官专有,学问渐次播散于鄙野民间。近人章太炎概括晚周的这一转折说:

> 老聃、仲尼而上,学皆在官;老聃、仲尼而下,学皆在家人。②

以此为契机,殷商、西周一元未分的官府之学转变为东周多元纷争的"百家之学"。

春秋、战国间,与私学涌动密切相连的,是作为知识阶层的"士"的勃兴。

士,在殷商西周本指贵族的最低等级,由卿大夫封予食地,士以下便是平民和奴隶。春秋时,作为贵族下层、庶人之上的士,多为卿大夫家臣,有的保留封地,所谓"大夫食邑,士食田"③,不脱贵族余韵;有的则打破铁饭碗,以俸禄为生,成为自由职业者。"士竞于教"④,多受过礼、乐、射、御、书、数等"六艺"之教。偏重射、御等武术的武士,充任下级军官;偏重礼、乐、书、数的文士,担任文吏。如老子曾任周守藏史——王室图书馆馆长,孔子曾任委吏

---

① 《史记·孔子世家》。
② 《国故论衡》。
③ 《国语·晋语四》。
④ 《左传·襄公九年》。

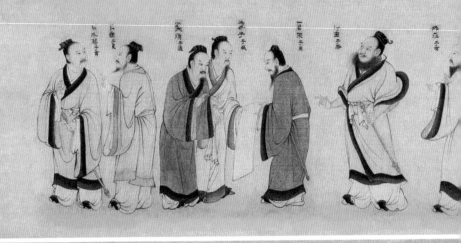

>>> 创私学、兴教育最有成绩的是孔子,相传他"以诗刊书礼乐教,弟子盖三千焉"。

>>> 图为唐代阎立本《孔子弟子图》(宋摹本)。

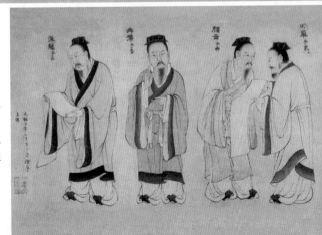

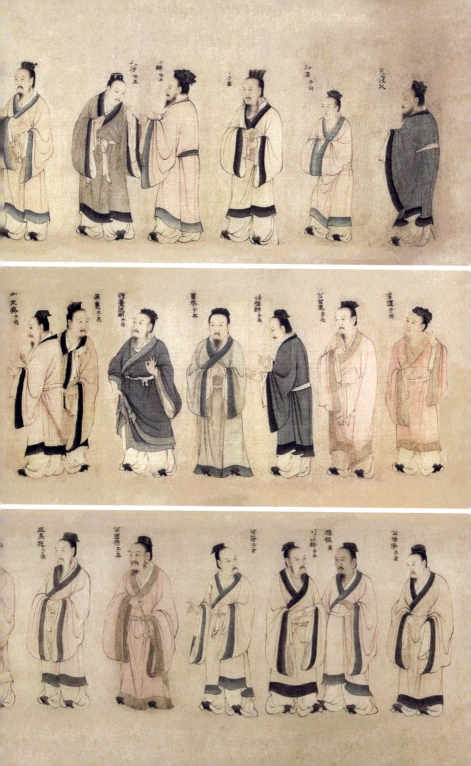

(会计)。

春秋末期以后,士逐渐成为知识阶层的通称,人们不再追究其在宗法等级中的身份,庶众皂隶因"积文学,正身行"[①]而上升为士的,屡见史载。如淳于髡便由赘婿而为"稷下学宫"的名士;虞卿原为草鞋挑担的苦人,后来成为赵国上卿。"布衣卿相"在春秋、战国间已不罕见。作为有专业知识的人才,士为公卿大夫所倚重,齐桓公(?—前643)、晋文公(约公元前697—前637)等春秋霸主都以招贤纳士著称。战国时公卿大夫更竞相争取士人,最著名的"养士"贵族是齐国的孟尝君、赵国的平原君(?—前251)、魏国的信陵君(?—前243)、楚国的春申君(?—前238)。"四公子"门下豢养食客数千,多为有某种才能技艺的士人。而士的向背,确乎关系列国盛衰,故有士"入楚楚重,出齐齐轻,为赵赵完,畔魏魏伤"[②]之说。

春秋、战国间的士,是继殷商、西周的巫史之后的又一个知识阶层。春秋以降礼崩乐坏的社会变动,使士人从沉重的宗法枷锁中解脱出来,他们不再像巫史那样全然依附王室,而赢得了相对的人格独立。精神产品在王官内制作的状况,逐步转变为由知识阶层中某些个人独立创作,百家之学

---

① 《荀子·王制》。

② 王充:《论衡·效力篇》。

>>> 偏重礼、乐、书、数的文士,担任文吏。老子曾任周守藏史——王室图书馆馆长,孔子曾任委吏。

>>> 图为清代佚名《孔子世家图册·职司委吏》。

>>> 士为公卿大夫所倚重,齐桓公、晋文公等春秋霸主都以招贤纳士著称。

>>> 图为明代佚名《晋文公复国图》。

遂应运而生。

与昔日的巫史和同时代的其他阶层相比，士在一定程度上挣脱身份羁绊，形成了新的品格——

第一，胸襟博大，以天下为己任。

士不同于一般社会成员，他们能超越自身经济地位的狭隘限制，而有坚定执着的志向，"无恒产而有恒心者，唯士为能"①。士不以个人生活安逸为念，"士而怀居，不足以为士矣"②；其怀抱开阔，"士不可不弘毅，任重而道远"③。先秦诸子的理想各不相同，对"道"的诠解也大有差异，但以弘道为务，则是各家士人的共通特点，"诸子纷纷则已言道矣……皆自以为至极，而思以其道易天下者也"④。孟子放言"天将降大任于是人也"⑤，正表达了战国士子以天下为己任的豪迈心态。

第二，政治参与意识强烈。

春秋、战国的士，虽然主张各异，却无不有着炽烈的政治参与愿望。孔子三月无君，则惶惶不可终日，他还声言

---

① 《孟子·梁惠王上》。

② 《论语·宪问》。

③ 《论语·泰伯》。

④ 章学诚：《文史通义·原道中》。

⑤ 《孟子·告子下》。

中国人文
大义

>>> 墨子及其弟子则直接拿起武器,出智尽力,参加宋国的自卫斗争。
>>> 图为当代庞茂琨、刘晓曦、王朝刚、郑力、王海明《战乱中的墨子》。

"苟有用我者，期月而已可也，三年有成"①。孟子奔走于王侯之间，并宣布"如欲平治天下，当今之世舍我其谁"②，急于向社会和执政者推荐自我，以图一展抱负。墨子及其弟子则直接拿起武器，出智尽力，参加宋国的自卫斗争。即使以"其学以自隐无名为务"③的老子，其实也深切关注社会政治乃至军事斗争；放任自然以"逃虚空"的庄子，却有"应帝王"的种种设计。至于法术之士，与政治的关系更为直接。战国列强先后兴起的变法，如魏国的李悝变法、楚国的吴起变法、韩国的申不害改革、秦国的商鞅变法，其策划者乃至主持者多由这派士人担当。

第三，道德自律严格。

春秋、战国的士，当然有朝秦暮楚、寡廉鲜耻之徒，但更涌现出许多终生不渝追求理想的高人义士，这与当时正在兴起的道德自律有关。例如，儒士崇仁尚义，倡君子行，有一种超越物质享受的精神追求，以"君子喻于义，小人喻于利"④自励。墨家推崇的"兼士"，交相利，兼相爱，为道义可以"赴火蹈刃，死不还踵"⑤；法士则循名责实，严正无私，

---

①《论语·子路》。

②《孟子·公孙丑下》。

③《史记·老子韩非列传》。

④《论语·里仁》。

⑤《淮南子·泰族训》。

一断于法。

时代呼唤人才，人才推进时代。

先秦士子群体，应时而兴，才俊辈出，思想家如老子、孔子、墨子、孟子、庄子、邹衍、荀子、韩非子，政治家如管仲、子产、晏婴、商鞅，军事家如吴起、孙武、孙膑，外交家如蔺相如、苏秦、张仪，史学家如左丘明，诗人如屈原、宋玉，论辩家如惠施、公孙龙，医家如扁鹊，水利家如李冰、郑国，天文家如甘德、石申，可谓群星璀璨，蔚为大观。

这是一个需要巨人而且产生了巨人的时代。在世界古代史上，就学术人才出现的密集度和水平之高而论，与中国春秋、战国的士人群体可以并肩比美的，大约只有古希腊的群哲。

士阶层形成以后，参政是其价值实现的主要途径，而士人如何走上仕途，一直是中国历来试图解决的问题。先秦实行世卿世禄制，身份决定一切，阻挡了平民的晋身之阶。秦代的军功爵制、客卿制和征士、荐举，其意都在打破世袭官制。至汉代，实行比较完善的察举制，按郡国及人口比例察举孝廉，推举明经明法、茂才异等、贤良方正。魏晋推行"九品中正制"，是一逆向运行，强化了世家大族的参政特权。隋、唐实行的科举制度，则以国家考试方式，将"选贤与能"的古老理想付诸实现，使官僚制度摆脱贵族化倾向。

作为科举制经济前提的是北魏均田制在隋、唐的推行。均田制以土地国有、计口授田为原则,摧毁了大族豪强的庄园经济,使大批自耕农和庶族地主得以产生,并参与分享文化和权力,正所谓"旧时王谢堂前燕,飞入寻常百姓家"[1]。

科举制度创设于隋,以分科举士而得名。文帝于开皇七年(587)设修谨、清平干济二科;炀帝置进士科。唐承隋制,又于进士科外,复置秀才、明经、明法、明书、明算诸科,常设仅为明经、进士两科,考试及格者称"及第",再经吏部考试合格,即可做官。进士科出身仕途更优于明经,头名进士称状元,为读书做官的极品。

科举制度以封闭式考试录取,具有公正性和法定性;又因不计生员出身,唯才是举,从而较广泛地从社会各阶层选拔人才,使庶族寒士也自信"天生我材必有用",立志"使寰区大浞,海县清一",从而扩大了政权的统治基础。相传唐太宗"尝私幸端门,见新进士缀行而出,喜曰:'天下英雄,入吾彀中矣。'"[2]科举的吸引力,使士子竞相攻读、参试,"其有老死于文场者,亦无所恨",故唐人赵嘏诗云:"太宗皇帝真长策,赚得英雄尽白头。"[3]这是画龙点睛之论。

---

[1] 刘禹锡:《乌衣巷》。

[2] 王定保:《唐摭言》卷一。

[3] 同上。

>>> 科举制度以封闭式考试录取,具有公正性和法定性;又因唯才是举,从而较广泛地从社会各阶层选拔人才。
>>> 图为明代余士、吴钺《徐显卿宦迹图·琼林登第》。

武则天亲行殿试,此制后代沿袭,殿试中试者,皆为"天子门生",从而以师生关系强化君臣纲常。武则天时还曾设武举,科举制趋于完备。

参加科举考试的主要是学校生徒,因而此制带动了学校教育的发展。唐时学校分京师和州县学,各级学校主要研习儒家经典,此外还学习律令和书法、算学等专门技能。因此,科举制度既是一种选官制度又是一种教育制度,它自隋、唐延及明、清,发挥了重要的社会功能。

第三节

近代知识分子的勃兴

19世纪中叶以后,中国文化从封闭的僵壳中部分地解脱出来,面对着广阔的世界,呼吸吞吐,接纳西方近代文化的新鲜养料,调节、完善自己的再生机制。这个痛苦却又充满希望的过程,首先体现为近代工业的建立、交通运输的发展、沿海城市的工商业化以及农村商品经济的扩展。在此基础上,近代文化的新质细胞由隐而彰、由弱而强地分蘖、增殖,如书院改制和新学堂兴办,近代报刊发行及出版机构建立等。

新的时代条件、新的文化环境,造成了不同于传统士大夫阶层的新一代知识分子群体。依据他们产生的来源,又可分为两大类型:一是由士大夫营垒分化而出,一是由新文化培育而成。

第一类近代知识分子,早年基本上受传统文化的熏陶。他们在时代的感召下,逐渐接受新思想、新文化的影响,一般说来,他们的政治主张比较温和,在思想深处与旧文化藕断丝连。冯桂芬、王韬、薛福成等人均属这一类型,而张謇

（1853—1926）则可以作为其典型代表。这位在中国近代史上颇著声名的"状元资本家"，幼年攻经书，青年为幕僚，壮年中状元、办实业，晚年兴宪政、入内阁，一生经历坎坷且富传奇色彩。他提出并终生实践的"实业救国""教育救国"的主张，是出身旧营垒的近代知识分子，在当时的历史条件和认识水平之下所能采取的选择。

第二类近代知识分子，系统接受资本主义新文化，他们或者就读于洋人执教的新式学堂，或者远涉重洋，负笈异邦，用新文化构件，组成自己的知识系统。一般说来，他们较少传统羁绊，对新文化的理解和把握较为真切，在近代"西学东渐"中的作用显然超过前一类知识分子。其弱点则是易于脱离中国社会的实际状况和民众心理态势，试图机械移植资本主义政治、经济、文化于中国，而犯了空想主义、教条主义和学理主义的毛病。这一类型以何启（1859—1914）、胡礼垣（1847—1916）、容闳（1828—1912）为代表。何启留学英国，先后学医、学法律，后在香港以律师为业，又创办西医书院。他认为"政者民之事"，反对君主专制。后又参与孙中山筹划的广州起义，起草对外宣言。胡礼垣科举屡试不第，入香港皇仁书院学习。曾访问苏禄国（现属菲律宾），助其国王整理国政。1894年后，一度代理中国驻日本神户领事。何、胡两人合著《新政真诠》，批驳名教纲常，鼓吹天赋人权论和社会契约论，是19世纪后期十分活跃的资

中国人文
大义

>>> 第一类近代知识分子，早年基本上受传统文化的熏陶。张謇可以作为典型代表。

>>> 图为当代沈启鹏《风物聿新：张謇创办中国第一个博物馆》。

产阶级政论家。容闳七岁即入澳门的"西塾"读书，十九岁赴美留学，考入耶鲁大学。学成归国，他对太平天国进行实地考察，向洪仁玕陈述建设近代军事、政治、经济、教育的七条方针，希望通过太平军来"为中国谋福利"。这一尝试失败后，他又鼎力协助洋务官僚建成近代中国第一个大型新式企业——江南机器制造总局，组织四批共一百二十名幼童以官费赴美留学。

近代知识分子不同于传统士大夫阶层的"新"特色，主要体现在如下方面——

第一，时代意识。

知识分子最先意识到时代之变：世界已不再是传统意义的"天下"，中国也不再是国人自诩的居天下之"中"的天朝上国，中外关系在变，世道与人心在变。自觉的、强烈的时代意识，是新知识分子群体的明显特征。

第二，知识结构。

知识分子阶层拥有专门文化知识，其内容和结构已非传统士大夫所可比拟。

第三，新的角色认同。

中国传统士人素以"治国""平天下"为人生价值的最高实现。由士而仕，投身宦海，是其规范的自我角色认同。进入近代，知识的门类急剧扩充，科学知识，尤其是自然科学知识独立于社会政治之外的价值地位逐渐被社会所承认。

>>> 容闳鼎力协助洋务官僚建成近代中国第一个大型新式企业——江南机器制造总局。

>>> 图为当代忻秉勇《江南制造局》。

科举制度终于废除，职业分工更趋细密。在新的时代文化背景之下，知识分子开始了新的、双向的角色认同。一方面，他们在内忧外患交迫、民族生死存亡的时代条件下，继承并发挥士大夫忧国忧民、以天下兴亡为己任的传统，"铁肩担道义，妙手著文章"，自觉担当反对帝国主义和专制政治的先锋；另一方面，他们又开始与政治分离、向知识回归，到静谧的图书馆、实验室内，潜心钻研，以学术成就服务于社会的科学、文教事业，以此实现知识与个体人格的价值。

上述双向角色认同，是就近代知识分子的总体而言。具体到每个个体，显然存在一种方向互逆的艰难抉择。不过，这种抉择的结果，却并非绝对的非此即彼，而是依据个体性格、禀赋、觉悟的差异，分别表现为超然治学、学术救国、舆论干预、直接参政四类情况。政治与学术两极之间的多层次选择，使近代知识分子的性格面貌更加复杂，也使得近代文化的历史进程更加曲折多致。

第七章

中西当代人文精神比较

西方以强调个体价值为特征的人文传统,在现代化过程中曾经充分发挥其积极效应,同时又引发出若干弊端;中国强调社会人格的人文传统,缺乏自发走向现代的动力,却有可能在经过现代诠释以后,为克服某些"现代病"提供启示。

第一节

走出象牙塔的"人文精神"

中国人文
大义

近几十年来,"人文精神""人文关怀""人文传统"逐渐成为知识界的常见话语。据并不周详的回顾,这一议题大约是 20 世纪 80 年代中期文化讨论方兴未艾之际,一些人文学者在探索中国文化特质时提出的。

1986 年在上海举行的首届国际中国文化学术讨论会,会上中外学者的发言多有涉及中国人文传统与欧洲文艺复兴时期兴起的人文主义的异同问题。[①] 在此前后,《光明日报》等报刊曾就中国人文传统的内涵与近代欧洲人文思潮的差别展开讨论。至 20 世纪 90 年代初,文学评论界在《上海文学》《读书》《东方》诸刊发出拯救"人文精神危机"的呼声,认为"人文精神的失落是今天人类面对的共同问题",并从中国文学现状的分析入手,指出当下中国也呈现人文精神低迷

---

① 《中国传统文化的再估计——首届国际中国文化学术讨论会(1986年)文集》,上海:上海人民出版社 1987 年。

的态势，因而有必要重建人文传统。[1]也有论者对此表示异议，如作家王蒙（1934—　）在《人文精神偶感》[2]中说，中国本来就没有人文精神，何来"失落"可言？王蒙所谓中国本来即无的人文精神，是指欧洲文艺复兴以人道主义为主的人文精神、美国诗人惠特曼（1819—1892）力倡的以自由民主为内涵的人文精神。王氏的逻辑是，中国本来并无的东西，"重建"从何说起？"既然从未拥有，何来天长地久？"现在应当发扬的是与商品经济顺应的市场法则。又有论者起而反驳王氏说，认为中国不仅自先秦以降即有人文传统，而且五四运动以来的科学、民主、人道的新传统岂能一笔抹煞。

现今呼唤"重建"人文精神，不仅有现实针对性，而且有历史渊源，并非空穴来风。[3]还有论者指出，人文主义的旨意是"反恶"，而"恶"（"物欲"等）是在社会进步中出现的。当今中国面临的主要问题是贫穷和极"左"的威胁，故我们主张的人文主义必须有历史的维度，是在总结历史的经验教训、保证社会进步、促进经济发展的前提下，去提供一种开放的人文主义，它是历史的、宽容的、民主的和诗意的，

---

[1] 张汝伦、王晓明、朱学勤、陈思和：《人文精神：是否可能与如何可能》，在《读书》1994年第3期。

[2] 载《东方》1994年第5期。

[3] 王晓明编：《人文精神寻思录》，上海：文汇出版社1996年。

不是独裁的、专制的、僵死的和教条的。① 总之,各种意见相反而又相成,使议论渐趋深入。

而作家张承志(1948—)等人则以张大人文精神为自己的创作旨趣,构成20世纪90年代一个不可小视的文学现象。

文学界对民众的直接影响力,向来比学术界为大,故随着文学界讨论的开展和创作实践的运行,"人文精神"这一论题在90年代似有走出象牙塔的趋势。

---

① 童庆炳:《人文主义的历史维度》,载《文学自由谈》1996年第2期。

第二节

人文传统的现代性转换

20世纪80年代至90年代,"人文精神"从一个相当专业化的思想史术语,开始向大众话语转化,这并非仅由少数论者的倡导所致,其背后有着时势的驱动。

随着改革开放的拓展,商品经济大潮涌动,古老的中华大地经历着一场深度与广度均属空前的社会转型,其内容包括三个层次:

其一,从农业文明向工业文明转化——这一过程自19世纪中叶已经开始,时下又赢得加速度,这种经济形态的变化是当代中国社会转型的基本内容;

其二,从国家统制式的计划经济向社会主义商品经济转化,这种经济体制的改轨与上述经济形态的变化同时并进,正是现代转型的"中国特色"所在;

其三,从工业文明向后工业文明转化,已经实现工业化的发达国家正在进行的这一转变所诱发出的问题,有全球化趋势,当下中国也不可回避地面临此类问题,诸如环境问

>>> 从农业文明向工业文明转化——这一过程自19世纪中叶已经开始。
>>> 图为宋代佚名《耕织图》。

>>> 从农业文明向工业文明转化——这一过程自19世纪中叶已经开始。
>>> 图为清代金廷标《狩猎图》。

题、人的意义危机问题、诸文明间的冲突问题,等等,这又增添了转型的现代性品格。

内涵丰富的中国现代转型,对社会生活造成的影响是多方面的,例如由自然经济和吃"大锅饭"导致的迂缓、消极的行为方式及心理定式,逐渐被追求效益和效率所取代;人际关系摆脱人身依附,代之以契约精神;自由创造、公平竞争成为人们新的思想动力和测量社会公正的准绳。这些都意味着:改革开放的实绩,不仅体现在经济发展与人们物质生活水平的提高上,而且也带来行为方式、思想观念的历史性进步,造成人的理性精神的新觉醒。这正是人文传统获得现代性转换的新土壤。对于现代转型带来的这种积极效应,大家应当有充分估量。

然而,与此同时,社会转型又不可避免地导致价值观念从昔日的有序变为暂时的无序,特别是由于工业文明在"看不见的手"——利益的驱动下,依托商品经济和价值法则得以运行,市场经济以利益为杠杆启动整个社会,刺激人们对财富的追求,激活了整个社会。其历史的进步作用不容置疑,但其负面效应也日益彰显,诸如金钱拜物教、利己主义导致的社会冷漠、精神生活平庸化、短期行为、欺诈坑骗的流行,等等,这又对社会提出了道德重建(包括经济伦理重建)的任务。这既是现代转型健康进行下去的必需,更是人的全面发展的必然要求。因为,人类生活的意义并不限于追逐物质财富一端，他们还要寻求自己的精神家园；富于理性的人类其智慧也不止于"工具理性"，他们还有发展"伦理规范""审美情趣"的强烈要求和巨大潜能。因而"人文关怀"具有适时性，并非等到经济发达、物质问题全然解决之后，才作为一种"奢侈品"应运而生。

那种认为中国当代的首要问题是发展经济的观点固然是正确的，但如果由此引出人文关怀在现今中国是不急之务的结论，则未必恰当。因为，人文关怀与工具理性的协调发展是文明进步的健康之路，"先物质文明，后精神文明"的割裂式安排必然导致大的社会偏颇，而且也并不符合现代文明史的实际过程。

第三节

中西人文精神相互感应、推引

现代文明肇始于西方。

由科学革命和工业革命所推动，西方自17世纪、18世纪以降，工具理性日益强大，而人文精神也相伴拓展，不断发挥批判者的功能，对构建健全的现代社会起到重大作用。西方在推进现代化、资本主义迅速发展的19世纪，其思想界产生空想社会主义和科学社会主义，文学界产生批判现实主义，究其底蕴，都与西方现代化进程一旦出现病灶人们便力图疗治有关。呼唤社会公正的社会主义思潮在19世纪勃兴，剖析利欲扭曲人性的《人间喜剧》等批判现实主义巨著代表了19世纪欧洲文学主潮。这些都雄辩地说明，人类在现代化进程中不仅创造着空前巨大的物质财富，同时也不倦地探求意义世界，试图再造更加美好的精神家园。这种求索，始于现代化进程的开端，并非等到社会全面富裕以后才起步。

西方对于现代性困境的反思，在20世纪又有新的发展。这是因为，率先实现现代化的西方人在"后工业时代"面对的"意义危机",是19世纪所不可比拟的。一方面,现代科技大大缩短了时间和空间的距离,大洋彼岸朝发夕至,信息瞬间沟通,可谓"天涯若比邻";另一方面,人际间又日趋疏离,邻里若路人,亲朋心远隔,呈现"比邻若天涯"的局面。有的西方思想家指出,工业社会的此类病态导源于文化与社会的分离或"脱节",导源于文化现代性与经济管理体制的对立。①这种"二律背反"激起人们召唤并重新诠释人文传统,强调"两种文化"(科技文化与人文文化)协调发展。②美国哈佛大学教授、文学批评家白璧德(1865—1933)认为西方社会物欲横流、道德沦丧的现状,其文化根源在培根(1561—1626)的物质功利主义和卢梭(1712—1778)的放纵主义的泛滥,导致现代文明专重"物质之律"而昧于"人事之律"。有鉴于此,白璧德力倡注重"人事之律"的新人文主义——"教人以所以为人之道"。③

自20世纪60年代以降,整个西方的理论界,更兴起以"人"为中心论题的研究趋向,哲学等人文学科重返"人"这一主题,这是西方现代文明在工具理性极度扩张,导致技

---

① 丹尼尔·贝尔:《后工业社会的来临:对社会预测的一项探索》,高铦、王宏周、魏章玲译,北京:商务印书馆1984年。

② C.P.斯诺:《两种文化》,纪树立译,北京:生活·读书·新知三联书店1994年。

③《白璧德中西人文文化教育谈·吴宓附识》,载《学衡》1922年第3期。

>>> 由科学革命和工业革命所推动,西方自17世纪、18世纪以降,工具理性日益强大。人类在现代化进程中不仅创造着空前巨大的物质财富,同时也不倦地探求意义世界。自20世纪60年代以降,西方的哲学等人文学科重返"人"这一主题。

>>> 图为英国纺织业的机械化。

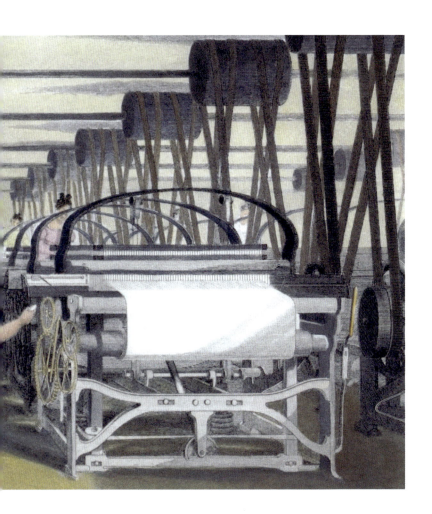

术至上、人被物化之后的一种必然的救正性反应,其代表是法国萨特(1905—1980)所强调的存在主义之人道主义性质①,而萨特的老师、德国哲学家海德格尔(1889—1976)早在1947年发表《关于人道主义的信》中宣称:

> 语言是存在之家,人居住在语言之家中。

值得注意的是,海德格尔、萨特等人对现代性困境的反思,集中到对人的价值理性的肯认。他们在做这种论证时,不仅利用西方的人文主义资源,也借鉴东方(包括中国)的人文传统。这是当代勃兴的人文精神普遍性的一种表现。

20世纪20年代至30年代,以吴宓(1894—1978)为主将的"学衡派",服膺于白璧德的"以理节欲",追求"合度之律"的新人文主义,但在其时被视作"保守",影响甚微。当下中国出现的人文精神讨论,在多大程度上受到白璧德新人文主义及"学衡派"的影响,又在多大程度上受到西方第二次世界大战以来形成的以"人"为中心论题的思潮的启示,虽未做具体考察,但东西方现代人文精神彼此间的相互感应、彼此推引是显而易见的,其内在的逻辑联系不言而

---

① 参见萨特:《存在主义是一种人道主义》,周煦良、汤永宽译,上海:上海译文出版社2005年;萨特:《辩证理性批判》,徐懋庸译,北京:商务印书馆1963年。

喻。对于中国人而言，一旦迈开现代化步伐，便必然在领受现代化带来的历史性进步的同时，也开始面对其引发的弊端，遂有呼唤人文关怀的努力，以救治因狭隘的功利实用主义导致的文化失范。

这种努力的正当性毋庸置疑。

而先期进入这一过程的西方人的感受与思考，当然对中国人具有参考意义，这正是当代勃兴的人文精神普遍性的又一种表现。不过，当下中国人思考人文问题的努力尚处在初始阶段，甚至还没有找到确切的表述方式，但却显示出现代中国人意识到科学精神与人文精神协调发展的必要性，故其内蕴是深长的，其前景必将是开阔的。

第四节

中西"人文精神"

中国人文
大义

20世纪80年代中期至90年代中期在中国人文知识分子间开展的这场讨论,以呼唤"人文精神"为中心命题,其动因是转型时代引发出文化失范现象,人们的行为方式和价值观念陷入迷惘无序。这不仅有赖法治健全以确立社会秩序,还寄望于伦理的重建——既与市场经济体制相辅相成,又对市场法则给人的意义世界带来的病态影响给予必要的疗治,于是便有对中外古今"人文精神"宝库的清理、选择和重铸。然而,要将这一具有深刻历史内涵,又富于前瞻性的讨论引向深入,首先要回答的一个问题便是,何谓"人文精神"?接下来才能讨论今日重提"人文精神"的时代针对性。

应当说,出现于当代中国人笔端、口头的"人文精神",以及"人文主义""人文思想""人文传统",是意蕴丰富而规定性又并不确定的概念。其原因在于,作为中国古已有之的"人文"一词①,现代用作翻译西方文艺复兴的思想主潮 humanism 的基本词素。这样,"人文主义"就有了"西方的"②与"中国的"两种含义。

发端于南部欧洲的文艺复兴,其"人文主义"由意大利人彼特拉克(1304—1374)于14世纪首先阐明,以后逐步演绎为与欧洲中世纪盛行的"神文主义"相抗衡的一种新思潮。今之西方人对文艺复兴时期的"人文主义"是如此界定的:

>人文主义无非是讲授古典文学,但是,更为适当的

---

① "诸经之首"的《周易》有"观乎天文,以察时变;观乎人文,以化成天下"的名句。其间的"人文"约指人类创造的文化,与成之天然的"天文"相对应。

② 据董乐山考证,英文 humanism 一词是从德文 Humanismus 译来,该德语是德国一位教育家于1808年在一次关于希腊、罗马经典著作在中等教育的位置的辩论中,根据拉丁文词根 humanus 杜撰的。意大利文艺复兴时期把教古典语言和文字的先生叫 humanusa,源出 humanitas,意为人性修养,文艺复兴的开启者彼特拉克在佛罗伦萨开设的古典教育课程 Studia humanitatis 包含人文学的意义。(董乐山:《"人文主义"溯源》,载1994年7月9日《文汇读书周报》。)根据董先生这一语源学考索,可以认为:中译为"人文主义"的英文 humanism 一词一般赋予的四种含义——(一)人道主义;(二)人本主义;(三)欧洲文艺复兴时期的人文主义;(四)从拉丁或希腊古典文化研究推引出来的人文学科研究;应以(三)(四)为原义,(一)(二)是引申义。

中国人文
大义

>>> 发端于南部欧洲的文艺复兴,其"人文主义"由意大利人彼特拉克于14世纪首先阐明。
>>> 图为彼特拉克像。

提法是,凡重视人与上帝的关系、人的自由意志和人对自然界的优越性的态度,都是人文主义。从哲学方面讲,人文主义以人为衡量一切事物的标准。……人文主义从复古活动中获得启发,注重人对于真与善的追求。人文主义扬弃偏狭的哲学系统、宗教教条和抽象推理,重视人的价值。人文主义者虽然不断努力,要把基督教思想与古代世界的哲学相联系,但他们播下了宗教改革运动的种子。近年来人文主义一词常指强调个人价值而信仰上帝的思想体系。①

概言之,西方兴起于14世纪至16世纪的"人文主义",与中世纪的"神文主义"相对应,在人与上帝、人与自然的关系中,高扬人的意义,尤其强调个人价值和人的现世幸福。其思路,上承希腊的古典民主和建立在原子论基础上的个性主义,下启18世纪启蒙运动的自由、平等、博爱和近世民主精神;同时又诱发了享乐主义、物欲主义,以及因现世精神的扩张而导致的终极关怀失落。继文艺复兴而起的宗教改革,其新教伦理以禁欲主义的节俭、勤业精神,号召人们在

---

①《简明不列颠百科全书》第6卷,北京:中国大百科全书出版社1986年,第761页。

>>> 中国的人文传统,颇具"早熟性"。远在周代,与殷商时期的"尊神""重鬼"思想相对应,"重人""敬德"观念应运而兴。
>>> 图为明代沈周《南山祝语图》。

俗世创造财富以完成上帝交付的"天职"。①新教伦理除有批判封建独断的旧教的意味之外,也包含着对人文主义走向现世享乐主义极端的一种救正。是否可以这样说:文艺复兴的人文主义和宗教改革的新教伦理,共同构造了西方资本主义精神,为西方文化的现代转型奠定了观念基础。至19世纪末叶以降,当西方实现工业化以后,人文主义被再度召唤,成为对工具理性和实利主义片面膨胀的"现代病"的一种

---

① 马克斯·韦伯:《新教伦理与资本主义精神》,黄晓京、彭强译,成都:四川人民出版社1986年。

反拨。

至于中国的人文传统,再作一个总结,就是颇具"早熟性"。远在周代,与殷商时期的"尊神""重鬼"思想相对应,"重人""敬德"观念应运而兴。先秦典籍所谓"唯人万物之灵""人者,天地之德,阴阳之交,鬼神之会,五行之秀气"[①],便是中国式的人文精神的先期表述。后来汇成中国文化主流的儒、法诸家,都以人间伦常、现实政治为务,"舍诸天运,征乎人文"[②],成为中国文化的主要价值取向。从"远神近人",以人为本位一点而言,中国的人文传统与西方文艺复兴的人文主义似有相通之处,故借用中国古典的"人文"二字翻译西方中世纪末期兴起的新思潮——humanism,不无道理。

---

① 《礼记·礼运》。
② 《后汉书·刘虞公孙瓒陶谦列传》。

中国人文
大义

然而，中国传统的人文精神与西方的人文主义并非一回事，其最大差异在于对"人"的不同理解上。西方文艺复兴时期形成的人文主义以古希腊的原子论和雅典学派的人论为根据，强调人是具有理智、情感和意志的独立个体，并从人性论出发，要求个性解放，摆脱封建等级观念，发展个人的自由意志。而中国的人文传统则另有旨趣，简而言之，则可做如下概括：

> 把人看成群体的分子，不是个体，而是角色，得出人是具有群体生存需要、有伦理道德自觉的互动个体的结论，并把仁爱、正义、宽容、和谐、义务、贡献之类纳入这种认识中，认为每个人都是他所属关系的派生物，他的命运同群体息息相关。这就是中国人文主义的人论。①

中国的人文传统渊深浩博，它展开于宇宙论、政治论、人生论、道德论、历史观等诸多领域，中华民族的思维特色，如经验理性、侧重伦常、民本思想、富于历史感、和而不同，等等，都与其相关。

同时，中国的人文传统既是"早熟"的，又是难以突破

---

① 庞朴：《中国文明的人文精神（论纲）》，载1986年1月6日《光明日报》。

故道的,因此中国人文传统未能直接推引出近代精神,没有指向近代民主,却导致王权主义。① 或者可以这样说,中国的人文传统导引出尊君主义和民本主义两翼,共同构造了"中国式"的专制政体。

同时,中国的人文传统由于缺乏对个体自由和人格独立的必要肯认,因而难以独立提供造就现代新人的健全氛围。直到19世纪中叶以降,在新的世界条件下,中西文化碰撞、互补,引发社会及文化的现代转型,中国人文传统方获得时代性变换的机遇,并构成中国现代精神的有机部分,成为汲纳、选择外来文化(包括西方人文主义)的主体意识的重要组成部分,又为现代西方哲人构建新的人文精神提供启示。爱因斯坦、玻尔、普里高津、海德格尔、萨特已经从这些启示中获益,其后继者还将继续从中获益。

---

① 刘泽华:《中国的人文思想与王权主义》,见《中国传统文化的再估计——首届国际中国文化学术讨论会文集》,上海:上海人民出版社1987年。

第五节

为解决现实问题提供思想资源

西方以强调个体价值为特征的人文传统,在现代化过程中曾经充分发挥其积极效应,同时又引发出若干弊端;中国强调社会人格的人文传统,缺乏自发走向现代的动力,却有可能在经过现代诠释以后,为克服某些"现代病"提供启示。因此,不能简单对西方人文传统或中国人文传统一味褒此贬彼,而只能将它们置于历史进程中加以具体分析,并试图在现代生活实践中探索二者统合的可能性。

至于20世纪90年代文学界时贤所呼唤的"人文精神",是指"西方式"的强调个体独立的人文主义,还是"中国式"的强调社会人格的人文主义?或者是试图实现二者的统一:人既是独立的个体,又是群体的分子?参与"人文精神"讨论的各方似乎各有主张,但又都没有做出系统深入的阐发。这正表明讨论尚处于初始阶段。在90年代的说议中通常见到的是在"高扬人的价值""重视精神文明""关注终极追求""坚持理性,反对迷信、盲从"诸点上对西方人文主义和中国人文传统的综合借鉴,以与"物欲横流""道德滑坡""文化失范"的"时弊"相抗衡。这也许是对当下社会亟待解决的问题的一种积极反应,当然应予肯定,但就严肃的学术讨论而言,尚有许多工作要做。

在此不拟对时贤前一阶段努力的意义详加评析,而只想对以后人文研究提起注意:以后这方面的工作不能无的放矢、无病呻吟,那么就应当将讨论和研究引上健康的轨道。

其一,具体研究现代化进程在人文领域,以及人文文化与科技文化相互关系、物质文明与精神文明相互关系上呈现的实际状态及引发的问题。如有的论者归纳,中国曾处于几个不同的人文参照系统的交叉点上:第一,中国士人的儒道互补的道统与操守;第二,中国民间社会的伦理规范;第三,"五四"以来民主、科学的启蒙主义;第四,共产主义社会理想对资本主义中违背人文传统的弊端的批判。这种分梳工作是有益的,但还需要深入下去,以厘清古今中西相交会的当下的人文状态。

其二,对讨论涉及的学术前史——包括所使用概念的演绎史,作必要的反顾,如此才能"接着讲"下去,否则有可能出现因研究诸方使用同一概念而所含内容却风马牛不相及而造成的笑话。如有的论者立足"人文精神"以抨击时下的"物欲横流",在义形于色之际,却很可能遭到驳诘:西方人文主义的代表作《十日谈》在谴责中世纪教会的禁欲主义时,正面宣扬的恰恰是个人物欲的合理性。这里应该特

>>> 西方人文主义的代表作《十日谈》在谴责中世纪教会的禁欲主义时，正面宣扬的恰恰是个人物欲的合理性。

>>> 图为意大利波提切利根据薄伽丘《十日谈》中第五天第八个故事创作的组画之一。

别指出此点,并非反对时贤倡导"人文关怀"和制约"物欲横流",而是希望更自觉地对人文传统作历史的观照,特别注意考察三个转型阶段人文精神具体形态的联系性与差异性:第一,在文野交界之际——如古希腊、罗马、中国先秦时期,人文精神表现为在"人兽之辨""人神之辨"中强调人的特性和地位,表现为以人文知识教育人,如中国周代以礼、乐、射、御、书、数等"六艺"教士,古罗马以文、史、哲、数培养自由公民。第二,在中世纪末期兴起的欧洲文艺复兴和中国明、清之际的"破块启蒙"思潮,论证人的世俗要求的合理性,以批判神学蒙昧主义、禁欲主义及专制独断论。第三,在工业文明普被,向后工业文明转化的现代,与唯科学主义和拜金主义相抗衡,则有新人文思潮崛起。[①]当今的人文研究便是这一历史序列的自然延伸。当今的人文之议,哪些方面承袭了第一阶段的遗产,哪些方面受启迪于第二阶段的灵性,哪些方面是正宗的第三阶段论题,应做分层梳理,而不宜混为一谈,做超时空漫议。

总之,只有在较清晰的历史理念指引下,人文研究才不致陷入概念紊乱、思路芜杂的泥淖,方有可能在比较坚实的地基上朝前跃动,做出创造性诠释,从而为解决现实问题提供真切可靠的思想资源。

---

① 许苏民:《人文精神论纲》,载《学习与探索》1995 年第 5 期。

第八章

科技文化与人文文化协调发展

人类创造的文化，包括科技文化和人文文化两大部类，它们分别发展着工具理性和价值理性。如何认识和处理两种文化的相互关系，成为人类长期思索的问题。时至当下，这一问题更具有尖锐的挑战性。

第一节

寻求科技与人文的发展之道

19世纪自然科学的三大发现——能量的转化与能量守恒定律、生物进化论、细胞学说的发现,使这个百年被称为"科学的世纪"。然而,与之相较,时隔不久的20世纪,更是一个科技昌明的世纪。

20世纪自然科学的四大成就——改变传统时空观念的狭义相对论和广义相对论,勾勒微观物理实在的原子结构与基本粒子发现和量子力学建立,电子计算机发明和揭示信息本质的信息论及控制论、系统论创立,揭示生命起源及演化本质的分子生物学建立,特别是遗传物质核酸的分子结构和遗传密码的发现,标志着超越牛顿力学体系的新科技革命正在向纵深发展。其中电子计算机的发明和日益广泛的使用,将人造工具从过去只是人手的延长与扩展,发展为人脑的模拟、加速与放大。人机系统成为新的认识主体,从而大大提高了人的认识能力,使认识的效率和水平达到空前的高度,其影响已经超越科技层面,而渗入社会生活的各个领域,诸如经营管理、设计试验、信息检索、教学、科研、家政管理、新闻资讯等都大量使用电脑,展示出以人工智能为代表的新兴科技无比恢弘的发展前景。

科学技术作为最富革命性格的生产力,改造着世界,创造着巨大的物质财富,为人类提供日益众多的方便与享受。正是科学技术的伟力及其给人类带来的福祉,使人们自觉不自觉地产生一种对科学技术的"崇拜"。19世纪以降,20世纪更甚,相当多的人把科学技术视作全知、全能、全在的救世主,以为所有难题,包括精神、价值、自由都可以经由科学技术获得完满解决。我们把这种思维定式称为"科技万能论"。在此论笼罩下,人文文化往往被虚置、取代,导致科技文化与人文文化这"两种文化"的失衡。

更有甚者,在科技文化内部,当工具理性的实用性、应用性强调到极端之后,出现技术压倒科学的倾向,科学的怀疑精神、超功利的求真精神——亚里士多德说希腊人并非因为实用,而是出于好奇方求知,正是此种精神的"元典式"表达。被纯功利的技术至上所淹没,以至人成为机器的部件,成为自己创造的工具系统的奴隶,人全然机械化、程式化了,陷入卓别林(1889—1977)的《摩登时代》以喜剧手法表现的那种悲剧。

与此相关联的,则是教育模糊了培养全面发展的人这一高远目标,陷入短视的功利主义泥淖,随之而来的便是应试

>>> 亚里士多德说希腊人并非因为实用,而是出于好奇方求知,正是此种精神的"元典式"表达。
>>> 图为意大利拉斐尔《雅典学院》。

教育盛行,以及教育方法上的机械化倾向。科技文化内部这种一味夸大可操作技术的倾向,使"科技万能论"走向更为偏颇的"技术万能论"。

处在这一关键发展时期的人类,应当对此做出反省,以寻求较为健全的发展之道。

第二节

所谓"科技万能论"

"科技万能论"的基本信念是,所有的实在都在自然秩序之内,运用科学方法、技术手段,不仅可以解决物理的、化学的、生物的问题,而且可以解决社会的、心理的乃至价值层面的诸多问题。这里所谓的"科学方法",概略言之,有以下四个基本原则:

一是经验原则,即通过观察、实验获得验证方可确信的原则;

二是数量原则,即运用精确测量的数学方法,达成对事物定量分析的原则;

三是科学的机械性原则,即因果关系可用抽象的普遍规则或方程式,加以推导的原则;

四是通过科学发展达成进步的原则,又可称之科学的乐观原则。

这"四项原则"在自然科学中屡试不爽,在许多社会活动——如工商业管理中,也行之有效。于是,有些人将其扩而大之，以为是"放之四海而皆准"的追求知识和真理的唯一途径。

由于科学方法"四原则"是从研究自然界——尤其是物理世界中，抽象出来的一种"物质化"方法，或"非人格化"方法，其应用的有效范围并非无限。以数量原则而论，阿诺德·汤因比（1889—1975）与池田大作（1928—2023）的对话论及：

> 在用来处置物理学或无机化学等非生物界的现象时，获得了最大的成功，这不是单纯的偶然事情。这个方法用于生命体，比如有机化学或生物学等时，其成功率就降低了。再进一步，在精神中的意识层，即认识论和伦理学等领域中，成功率就更低了。

涉及由人类的意识活动组成的人文领域，自然科学的方法论原则虽然仍有某些使用价值，却绝非万能，因为人类的情感、意志、审美等意识层面的问题，不一定能够通过实证和量化处理等"物质化"方法、"非人格化"方法获得结论，而需要感受、体验，乃至直觉、顿悟发挥作用，需要某种"人格化"的观照。用池田大作的语言来说，"科学之眼"自有其限定性，因为"科学的思维法产生了轻视生命的倾向，容易忽视活生生的人的真实风貌"。这种将人类"符号化""数学公式化"的方法，显然不足以解决人的精神领域的各种问题，而有赖于人文的思想及方法的补充与矫正。

在20世纪的中国，科学技术虽有长足进展，但距离世界先进水平尚远，因而科学技术需要快马加鞭、大力强化。前述科学方法诸原则，特别是通过观察、实验获得验证方可确信的原则，运用精确测量的数学方法达成对事物定量分析的原则，应当在其适用范围内实行，以克服传统思维的随意性、模糊性。这是中国文化，尤其是中国思维方式现代化所必需的，对此不应犹疑。然而，也要清醒地认识到，在科技并不发达的中国，"科技万能论""唯科学主义"却有相当广泛的影响，在社会决策层和社会管理层尤其显著。这在很大程度上是因为大多数中国人，包括决策者、管理者尚未自觉意识到人文文化的不可取代性，以为科学技术的方法论原则能够解决一切问题，由此自觉不自觉地产生的科技文化掩盖人文文化的倾向。在当下中国并不亚于发达国家，甚至有驾而上之的趋势。中国现今各级官员大多选自科技人员——主要是技术人员，便是一种表征；在实际工作中，物质文明建设"一手硬"，精神文明建设"一手软"的情形，虽然被人们一再批评，却难以得到有效的改善，是又一表征。因此，在此背景下的中国讨论两种文化协调发展，大概不是无的放矢，无病呻吟。

第三节

科技是把"双刃剑"

科学技术固然拥有强大力量，却绝非万能，在人类必须应付的纷繁错综的多层次课题面前，科技文化存在若干盲点，需要人文文化去观照。

这首先表现在，对人类的生命意义而言，科学技术是"价值中立"的，因此，科学技术的健康走向，有赖于人文精神指引。英国科学家兼作家C.P.斯诺（1905—1980）在阐述两种文化关系时指出：

> 技术具有两面性：行善和威慑。在全部历史中它都给我们带来了福和祸……①

科技成果"致祸"还是"造福"，并不由科技本身决定，而由社会的人决定，由人文因素决定。

---

① C.P.斯诺：《两种文化》，纪树立译，北京：生活·读书·新知三联书店1994年，第4页。

原子能的释放，可以发电、医疗，也可以大规模杀伤人类，乃至毁灭人们赖以生存的唯一星球。而原子能的"致祸"或者"造福"，对科学技术自身而言，"非所计也"。前述科学"四原则"只推进原子能技术的发展，并不左右原子能技术为何种目标服务。

当然，科技是价值中立的，作为社会人的科学家却不一定是价值中立的。第二次世界大战期间爱因斯坦力劝美国总统罗斯福抢在纳粹德国之前研制原子弹，便是从人类正义出发的价值抉择；当原子弹研究成功后，爱因斯坦又与"原子弹之父"奥本海默联袂反对使用原子弹，也是从人类良知和社会责任感出发的。支配爱因斯坦等科学家上述行动的，并非科学原则，而是人文关切。

反之，当科学技术被邪恶势力所操纵，必然为害众生、造孽人类。

日本军国主义的"731部队"以生物学和医学成果杀害和平居民，为侵略战争服务；纳粹德国在奥斯威辛集中营运用机械学、化学的现代技术大规模消灭犹太人和苏军战俘——是科学技术演为罪恶之力的典型例证。当代的例子，则有日本奥姆真理教，由一批有化学博士、硕士学位的信徒研制出被称为"沙林"的毒气，施放于东京地铁，造成三千八百多人伤亡；按照其计划，还有更大规模的杀害居民的行动。奥姆真理教的狂行使人们惊呼日本社会怎么了？日本的宗教社

>>> 科技是价值中立的,作为社会人的科学家却不一定是价值中立的。当原子弹研究成功后,爱因斯坦与"原子弹之父"奥本哈默联袂反对使用原子弹。

>>> 图为爱因斯坦(左二)和普朗克(中)在聚会上。

团怎么了？

科技文化的"价值中立"引发一种始料未及的结果：现代科技在创造巨大能力的同时，导致人与自然的严重对立。

地球本是人类唯一的生活园地，但现代科技把大地变成征服对象、原料索取处，一切自然事物都被纳入以人为中心的技术生产系统。如果听任科技巨大能力对自然无限度地掠夺、榨取，人类必将在不久的未来耗尽地球的资源，破坏其生态系统，人类便可能成为地球上产生的数以千万计的物种中，唯一的一个毁灭地球的物种。对人类自己创造的科技文化的无节制性危险的认识，来源于人文文化，来源于人类的人文关怀。中国古代哲人老子对文明悖论的深刻抉发，已陈论于先；德国现代哲学家海德格尔吁请人类恢复对大地的本来认识——大地是万物之母，是神圣的；英国现代历史学家汤因比将其晚年著作命名为《人类与大地母亲》，则陈论于后。

东西方哲人都是从深切的人文关怀出发，对工具理性可能导致的文明悖论提出警告。这种警告在科学技术空前强大的当代已具有极大的现实紧迫性，而决不能再视作危言耸听。

总之，科学技术是"价值中立"的，只有依赖人文关怀，方能确定其造福人类于久远的健康方向。诚如汤因比所指出的：

科学对伦理来说,属于中立的一种智力工作。所以,科学不断发达究竟会带来怎样的结果,若用伦理上善恶的概念来说,就在于科学是被善用还是被恶用。科学所造成的各种恶果,不能用科学本身来根治。①

既然科学文化不能克服自身的弊端,因而那种以为科技进步便会自然而然导致精神进步的设想,也是不切实际的乌托邦。只有科技文化与人文文化的协调发展,才能形成物质财富与精神财富的共同进步。

---

①《展望21世纪:汤因比与池田大作对话录》,荀春生、朱继征、陈国梁译,北京:国际文化出版公司1999年,第39页。

第四节

现实呼唤人文传统

科技文化并非万能，需要人文文化弥补的又一原因是，科学技术可以提供日益强大、有效的工具理性，却不能满足人类对于政治理念、伦理规范和终极关怀等层面的需要，总之，无法提供人类区别于禽兽的"价值理性"。而现代人类所面临的诸多困扰，往往发生在"价值理性"管辖的领地，发生在"意义危机"的频频袭来。

当下人类正患着的"现代病"，其症状林林总总，重要表现之一，便是工具理性愈益强大，而不少人精神上却无所皈依，在滚滚红尘中泯灭了灵性，以致正义感、使命感、公德心、自尊心低落，有些人富贵则淫、贫贱则移、威武则屈。系统论创始人冯·贝塔朗菲（1901—1972）指出：

> 简而言之，我们已经征服了世界，但是却在征途中的某个地方失去了灵魂。[1]

---

[1] 冯·贝塔朗菲、A.拉威奥莱特：《人的系统观》，张志伟等译，北京：华夏出版社1989年，第19页。

现代科学技术创造的电脑,与国际象棋世界棋王卡尔波夫(1951—)对垒,互有胜负。可以预期,电脑的国际象棋棋艺将会战胜人中之杰。但电脑的能力再强,也无法克服人类的"意义危机"。因为在这里起作用的是心灵、情感,工具理性没有用武之地。

历史学家张灏(1937—2022)把中国人走向现代化过程中的"意义危机"概括为三个层面的"精神迷失"——

第一是"道德迷失"。古代中国以"忠""孝""仁""义"等儒家伦理为道德规范,与其时的农业—宗法社会相契合,故行之有效。而现今社会经济基础已经改变,旧道德失范,新道德又未能及时建立,出现某种"道德真空"局面。

第二是"存在迷失",即人的存在价值失落。古代"内圣外王"的人生境界已被认为不合时宜,而新的安身立命的存在意义又无所寻求。

第三是"形上迷失"。古代的形上之道与形下之器彼此契合,是二而一的两个方面。但近代中国只是单方面吸收西方的"形下之器"(科技),对西方的"形上之道",如终极关怀、人道精神等忽视,甚至拒斥。而中国固有的"形上之道"又未得到应有的继承的现代改造,于是陷入一种形上资源贫乏的境地。

"道德迷失"是当下人们普遍关注的问题。这里首先有

古代中国以"忠""孝""仁""义"等儒家伦理为道德规范,与其时的农业——宗法社会相契合,故行之有效。图为明代佚名《关羽像》。关羽被奉为中国古代"忠""义"的化身。

一个对于现代化过程中社会道德状况的基本估量,也即道德究竟是在"爬坡"还是在"滑坡"?我以为,单一的"爬坡"说与单一的"滑坡"说都失之偏颇。

市场经济、价值法则是天生的平等派,其发展已经造成并必将继续诱发具有理性及民主精神的新道德的成长,诸如以契约关系取代人身依附关系,对效率及效益的追求,公平竞争原则的推广,自由创造日渐成为人生运作方式,等等,这一切都在当今社会生发滋长,虽然还不够强劲有力,却展现着道德爬坡的光明前景。

然而,工业文明是一种偏重物质的文明,市场经济是以利益为中心的系统,它不知疲倦地刺激人们追求利益。而当利益原则无限制地渗透到人的意义世界,就会造成道德失范,"一切向钱看"的"孔方兄崇拜"必然蔓延,加上法制不健全,社会规范不完善,"假冒伪劣"及其他各种犯罪行为也必然甚嚣尘上。其疗治方法,除强化法治之外,还必须求之于人文文化的理智启迪、情感诱化。

反观当今的道德迷失,其原因并不能全然归之于商品经济、市场法则的负面效应。在一定的程度上,它还是昔日"左"的痼疾的后遗症。曾经对传统道德的摧折,更重要的是,造成社会对信仰、正义的怀疑与冷漠。而当一个人失却了道义感和敬畏心,便成为只知一己之利的"铁石心肠"(高尔基语),这种人只要得到机会,便很容易卷入追逐私利

>>> 至于"孝"道,当扬弃其保守内涵,抉发出"敬"与"养"的精义,对于社会建立情谊与秩序都是非常必要的。

>>> 图为当代戴政生、黄静《孝治天下》。

甚至违法乱纪的狂潮之中。面对这种社会现状，呼唤人文传统，并对其加以现代改造，便显得有双倍的必要。

人文传统，尤其是它的道德层面，固然有时代性和阶级性内容，却也具有若干超越性的意义，可以成为文明人类共认的生活准则，诸如不忍人之心、羞恶之心、恻隐之心、仁爱之心，都是贯通古今、中外认可的。

"人无信不立"，虽然是古代哲言，但讲究信用，何尝不是成熟的现代市场交易所应遵循的经济伦理。

又如，传统道德的讲"礼"、讲"义"，主张"己所不欲，勿施于人"，也是现代社会人际关系须臾不可脱离的法则。

至于"孝"道，当扬弃其保守内涵，抉发出"敬"与"养"的精义，对于族类、团体的延续与发展，对于社会建立情谊与秩序都是非常必要的。而尽孝、守信、宽恕、礼节的淡出以至丧失，已经使社会蒙受了太大的损失。

痛定思痛，现在到了猛省的时候。而这种反省与再造的完成，只能求诸人文传统的弘扬与现代改铸。

第五节

人文的审美意趣

人文文化的不可或缺,还在于它能够提供人类——包括前文明阶段的人类,所心向往之的审美意趣,这便是中国人将其与"礼"相并称的"乐"。

近来读到的一则故事,相当典型地表明,如果人类丧失了以人文精神为土壤的审美追求,全然落入机械化、利益化的思维窠臼,将会陷于怎样可悲可笑的境地。故事曰:

某公司主席收到一张舒伯特《未完成交响曲》演奏的票。他没有空,便把票转送给公司的研究顾问。第二天早上,主席问起演奏会的情况,顾问交给主席一份备忘录,上面写着:(一)四位双簧管手大部分时间无所事事,人数应该减少,其工作可由其他成员分担。(二)十二位小提琴手奏出相同音符,此种重复毫无必要,团员数目应大幅度削减。如大音量实属必要,可用电子扩音机。(三)弦乐组演奏的乐段,小号手再重奏无实际作用。若删去,演奏会所需时间可由两小时减至十分钟。

(四)舒伯特若注意上述事项,或可完成该交响曲。

这是一个荒诞的故事,但在现实生活中却时常可以见到故事中人物的身影。诸如申报文科科研项目,主事单位总是一味追问,此项目有何经济效益,对国民经济发展有何推动?言下之意,不能创造直接经济效益的项目,便是"无用之辨",一般是不给予资助的。这种思路与故事中的公司顾问的思维方式别无二致,都是对人文文化特性缺乏理解,无视人文文化创制价值理性、营造审美情趣的功能——这种功能并不能用现金额度核算,但对于人类而言却是绝对需要的。

又如,现在有一句大家耳熟能详的话语,叫做"文化搭台,经济唱戏",意谓某地、某单位,为了引进资金、技术,用举办文化活动(通常以"××文化节"名目出现)作开场戏,招引海内外贤达(实为财主)前来。此举借重文化,较之藐视文化当然是一种进步,同时对经贸往往有所促进,文化也可借此风光一时。但"文化"毕竟只是"搭"的一张戏台,"戏"(经济)一演完,台也就得拆,故文化事业终究得不到实在的发展。

所以,这不是一种真实的"文化热"。

>>> 人文文化的不可或缺,还在于它能够提供人类所心向往之的审美意趣,这便是中国人将其与"礼"相并称的"乐"。人文文化创制价值理性、营造审美情趣的功能,对于人类而言是绝对需要的。
>>> 图为敦煌壁画《迦陵频伽乐队》。

第六节

重塑两种文化的统一

两种文化对立,是工业文明出现后社会分工日益细密的产物。

在古代的时候,二者尚未明显分离,保持一种原始的统一或同一。

这便是古人所谓的"正德,利用,厚生"[①]。"三事"不可偏废,也即精神文明(正德)与物质文明(利用、厚生)共同发展。古希腊许多哲人都是"百科全书式"的人物,对人文与科学有全方位观照,如亚里士多德便是杰出典范。中国先秦诸子,尤其是老子、孔子、墨子、荀子都对宇宙、社会、人生有多方面的综合思考。欧洲文艺复兴时期,一批文化巨匠,如达·芬奇、米开朗基罗、拉斐尔等人,既是艺术大师,又是自然科学家和人文学者。

进入工业社会以后,两种文化分途发展,这是一种重大

[①]《尚书·大禹谟》。

的社会进步。

在承认这个重大的社会进步的同时,却也不容忽视的是,它也带来了负面效应,表现之一是科学家与文学家、自然科学家与社会科学家,逐渐成为彼此老死不相往来的知识分子集团。

这里再看一下 C.P. 斯诺的说法,他是这样描述自己的经历和观察的:

> 我曾有过许多日子,白天和科学家一同工作,晚上又和作家同仁们一起度过。……我经常往返其间。这两个团体,我感到他们的智能可以互相媲美,种族相同,社会出身差别不大,收入也相近,但是几乎完全没有相互交往,无论是在智力、道德或心理状态方面都很少共同性,以至于从柏灵顿馆(英国皇家学会等机构所在地)或南肯辛顿到切尔西(艺术家聚居的伦敦文化区)就像是横渡了一个海洋。①

斯诺还指出,"两种文化"分离不仅是英国现象,他认为"整个西方社会的智力生活已日益分裂为两个极端的集

---

① C.P. 斯诺:《两种文化》,纪树立译,北京:生活·读书·新知三联书店1994年,第2页。

>>> 两种文化对立，是工业文明出现后社会分工日益细密的产物。在古代的时候，二者尚未明显分离，保持一种原始的统一或同一。

>>> 图为当代韦辛夷《吾问西东》。

团"①,"一极是文学知识分子,另一极是科学家"②,斯诺此说具有象征性和普遍性。

而当理智的人类意识到这种现象不合理,便有可能跨越两种文化的鸿沟,在新的文明高度上重塑两种文化间的统一。

---

① C.P. 斯诺:《两种文化》,纪树立译,北京:生活·读书·新知三联书店 1994 年,第 3 页。

② 同上书,第 4 页。

第七节

人类的未来：
科技与人文协调发展

现代化导致社会分工趋于细密，两种文化分途发展势在必然，但二者间达成并行不悖、相得益彰的良性互动关系又是完全可能的。

近现代中国的学术泰斗王国维（1877—1927）提出的以地下之遗物（考古材料）比照纸上之遗文（文献材料）的二重证据法，便是人文学者借取科学的实证原则的成功一例。20世纪发展起来的计量经济学、计量历史学，显然是科学的数量原则启示的结果。人文学者借鉴科学技术的成就与方法，还可以举出许许多多的例子。

反之，自然科学家往往在人文学科中得到启示。如达尔文（1809—1882）在创立进化论的过程中，曾处于苦思而不得的困境。一天，他阅读马尔萨斯（1766—1834）的《人口论》，突然想到在生存竞争的条件下，有利的变异可能保存下来，不利的则可能被淘汰。于是，生物进化论的理论框架变得明晰起来。进化论的另一位发现者华莱士一次病中阅读马尔萨斯的《人口论》，也联想到可以用"适者生存"的观念来部分解释进化现象。达尔文与华莱士不约而同地从马尔萨斯的《人口论》中获得灵感，是人文学科滋补自然科学发展的典型例证。科学家李政道（1926—　）在《科学和艺术不可分割》一文中，论述了两种文化的内在相通：

> 科学和艺术是不可分割的，就像一枚硬币的两面。它们共同的基础是人类的创造力，它们追求的目标都是真理的普遍性。
>
> 艺术，例如诗歌、绘画、雕塑、音乐等，用创新的手法去唤起每个人的意识或潜意识中深藏着的已经存在的情感。情感越珍贵、唤起越强烈、反响越普遍，艺术就越优秀。
>
> 科学，例如天文学、物理、化学、生物学等，对自然界的现象进行新的、准确的抽象。……尽管自然现象本身并不依赖科学家而存在，但对自然现象的抽象和总结乃属人类智慧的结晶，这和艺术家的创造是一样的。
>
> 科学家追求的普遍性是一类特定的抽象和总结，它的真理性植根于科学家以外的外部世界。艺术家追求的普遍真理性也是外在的，它植根于整个人类，没有时间和空间的界限。因此，科学家和艺术家都在追求真理的

>>> 人类的"价值理性"还较为脆弱,往往并未寻找到安身立命的精神家园。这个精神家园是无形的,却是绝对不可缺少的。它需要大力营建,需要精心培植,这便是古人所云:"礼乐所由起,百年积德而后可兴也。"

>>> 图为宋代赵佶《瑞鹤图》。

普遍性。①

以上是就科技文化和人文文化的创造性活动,存在相关性、联系性、互补性而言的。至于科技工作者需要价值理性、审美情趣;人文学者需要广泛利用科学技术提供的工具理性,则更不待言。从人类整体而论,当然必须同时左右采获科技文化和人文文化的果实方能茁壮成长。因为,科技理性解决为达到人类目标的实施手段及有关技术问题,人文理性则解决符合人类长远利益的目标选择与确定问题。二者缺一固不可,二者强行割裂亦不可。这是整整一部人类历史所雄辩证明了的。

科技文化与人文文化协调发展,是人类未来的希望所在。

其间的人文文化尤其需要给予关注。科学技术将继续长足进步,这是可以预期的,因为人类创造的"工具理性"已经赢得了无可阻遏的前行势能;而人类的"价值理性"还较为脆弱,往往并未寻找到安身立命的精神家园。这个精神家园是无形的,却是绝对不可缺少的。它需要大力营建,需要精心培植,这便是古人所云:

---

① 载1996年6月24日《光明日报》《科技苑》第24期。

> 礼乐所由起，百年积德而后可兴也。①

处在"民族伟大复兴"之中的中华儿女，应当有此"百年积德"的自觉。

梁启超于第一次世界大战结束后访问欧洲，1920年作《欧游心影录》，该文被研究者认作梁氏从文化激进主义转向文化保守主义的界标。其实，细读该文便会发现，梁氏并未走向"反现代化"，而只是看到了西方现代化过程中出现的问题。其上篇的一节为《科学万能之梦》，内称"欧洲人做了一场科学万能的大梦，到如今却叫起科学破产来"。梁氏特加一"自注"曰：

> 读者切勿误会，因此菲薄科学，我绝不承认科学破产，不过也不承认科学万能罢了。②

此言甚当，特引作结语。

---

① 《史记·刘敬叔孙通列传》。
② 《梁启超哲学思想论文选》，葛懋春、蒋俊编选，北京：北京大学出版社1984年，第262页。